本书得到了湖南省教育厅重点项目（14A017）、湖南省社科基金项目（湘哲社领[2011]13号）、长沙市科技计划项目（k1407037-41）的资助

The Coordination Strategy Analysis of a Kind of Supply Chain on VMI

一类供应商管理库存协调策略研究

全春光 著

经济管理出版社
ECONOMY & MANAGEMENT PUBLISHING HOUSE

图书在版编目（CIP）数据

一类供应商管理库存协调策略研究/全春光著．—北京：经济管理出版社，2014．11
ISBN 978－7－5096－3455－4

Ⅰ．①一…　Ⅱ．①全…　Ⅲ．①库存—仓库管理—研究　Ⅳ．①F253．4

中国版本图书馆 CIP 数据核字（2014）第 247781 号

责任编辑：杨雅琳　王格格
责任印制：黄章平
责任校对：张　青

出版发行：经济管理出版社
（北京市海淀区北蜂窝 8 号中雅大厦 A 座 11 层　100038）
网　　址：www．E－mp．com．cn
电　　话：（010）51915602
印　　刷：北京晨旭印刷厂
经　　销：新华书店
开　　本：720mm×1000mm/16
印　　张：9．75
字　　数：153 千字
版　　次：2015 年 8 月第 1 版　2015 年 8 月第 1 次印刷
书　　号：ISBN 978－7－5096－3455－4
定　　价：38．00 元

前　言

供应商管理库存（Vendor Managed Inventory，VMI）是以供应商和买方双方都获得最低成本为目的，在一个共同的绩效目标框架协议下由供应商管理库存，并不断监督协议执行情况和修正协议内容，使库存管理得到持续改进的合作性策略。近年来 VMI 得到了越来越多行业的推广应用。然而，作为对传统库存控制策略进行"责任倒置"后的一种库存管理策略，VMI 加大了供应商的配送成本、库存管理成本以及缺货等风险，导致企业获得的利润可能会减少，从而造成供应商责任和利益的不平衡。如果不对 VMI 系统的利益进行重新协调，势必影响它的实施。而且，现实的 VMI 环境下买方一般有两个以上。针对于此，本书就单供应商与两分销商的 VMI 协调进行研究。根据分销商需求的特点，按照确定需求、动态需求与随机需求三种情形进行建模分析和协调机制设计。具体而言，就本书的主要创新性研究工作及其结论总结如下：

（1）探讨了确定需求下单供应商（假定为制造商）与两个分销商 VMI 整数比补货周期时间协调补货策略，并在补货策略分析的基础上，运用合作博弈的 Shapley 值法对供应商与两个分销商因 VMI 合作而产生的额外利益（库存成本的节约）进行了分配。然后对 VMI 实施后库存成本的分担进行了重新设计，并用算例验证了建模过程与成本分担方案。算例结果显示，VMI 实施后，虽然总成本降低了，但如不进行成本的重新分配，供应商的成本将增加，而两个分销商的成本将减少。通过 Shapley 值法对成本重新分配后，供应商与两个分销商的成本均较 VMI 实施前有所下降，从而获得了一个 VMI 实施各方均满意的库存成本分担方案。

（2）提出了一种考虑分段的运输成本函数以及带服务水平约束的单供应商与两分销商的两级 VMI 供应链在动态需求下的补货发货策略，并设计收益分享机制协调 VMI 实施后供应商与分销商的利益。模型构建后，通过对其转换处理，采用混合整数规划方法求解，避免了用动态规划方法求解过程中补货发货规则的推导。算例结果显示，在设计的收益分享系数下，随着 VMI 实施后供应链总体利润的增加，供应商与分销商的利润均不低于 VMI 实施前，或有不同程度的增加。

（3）构建了单供应商与两分销商的 VMI 系统在需求随机情况下的补货发货模型，并设计价格补贴机制协调 VMI 实施后供应商与分销商的利益。本书假定需求服从正态分布，总成本函数中考虑分段的运输成本函数，带安全库存及服务水平约束，供应商拥有库存的两级供应链。算例结果显示：实施 VMI 后采用基于共同补货期的时间协调决策模型能够降低供应链总成本，当采用等分法进行利益协调时，在设计的价格系数下，供应商与两分销商均有不同程度的获利。最后参数敏感性分析显示：b 和 S_p 的变化对价格系数等参数影响不大，而 u_1、S_{01} 和 S_1 的变化均会对价格系数产生不同程度的影响。

Abstract

In recent years, VMI has been applied to more and more industries. However, as a "responsibility inversion" form of inventory management from the traditional inventory control strategy, VMI increases supplier's inventory cost and risk of stockout, which leads to supplier's profits reduction, thus brings the imbalance of responsibilities and interests of supplier. Therefore, the implementation of VMI would be affected by having no coordination mechanism. Moreover, there are more than two buyers in VMI systems. In light of this, this thesis aims to study the coordination of VMI with one vendor and two distributors. According to the demand types of distributors, the model and coordination mechanism are discussed in three demand environments which are deterministic demand, dynamic demand and stochastic demand. Specifically, the main innovative work and research conclusions are summarized as follows:

(1) Under deterministic demand, the one supplier (assuming as a manufacturer) and two distributors VMI replenishment policy of integer – ratio time coordination is analyzed. Then, the shapley Value algorithm is applied to the allocation of profit caused by the VMI implementation among the supplier and distributors and the inventory cost allocation scheme is also redesigned. Finally, a numerical example is presented to verify the theoretical modeling and solution. Results show that although the total cost would be reduced by VMI implementation, the supplier's cost would increase while the two dis-

tributors' cost would reduce if there is no redistribution of the inventory cost. Under the redistribution of the inventory cost by Shapley value method, the cost of the supplier and two distributors decrease after the implementation of VMI. Therefore, a cost sharing scheme which satisfies all parties is obtained.

(2) The replenishment policy of VMI with one supplier and two distributors is discussed in dynamic demand environment with the constraints of transportation cost and service level. A revenue sharing mechanism is designed to coordinate the interests of the supplier and distributors after the implementation of VMI. Then a mixed integer programming method is used to solve the model after a conversion process, which avoids the derivation of the replenishment rules by using dynamic programming method. Results show that, as the total profit of supply chain after VMI implementation increases, the profits of the supplier and distributors are not less than before with the revenue sharing factor designed.

(3) The replenishment policy of VMI with one supplier and two – distributors is studied under stochastic demand and price subsidy mechanism is designed to coordinate the interests of the supplier and distributors after the implementation of VMI. Demand is assumed to obey normal distribution, and the transportation cost function is assumed to be piecewise. The safety stock and service level constraints are also taken into account. Results show that, total supply chain cost is reduced through the use of common replenishment epochs after VMI replenishment. When using equal allocation method in the coordination of interests, the supplier and distributors have different levels of profit improvement with the price factor designed. Finally, parameter sensitivity analysis shows that, the changes of b and S_p has little effect on the price factor, while the changes of u_1, S_{01} and S_1 have different degrees of impact on price factor.

Key words: Vendor managed inventory (VMI); Coordination policy; Replenishment policy; Shapley Value algorithm; Revenue sharing; Price subsidy

目录

第一章 绪 论 …… 1

第一节 选题背景 …… 1

第二节 研究目的与意义 …… 3

第三节 研究思路和方法 …… 4

第四节 本书总体结构与内容 …… 5

第五节 主要创新点 …… 6

第二章 国内外相关研究综述 …… 8

第一节 关于 VMI 的研究 …… 8

第二节 供应链协调的相关研究 …… 16

第三节 本章小结 …… 20

第三章 单供应商两分销商 VMI 协调问题分析 …… 22

第一节 单供应商两分销商 VMI 协调的关键问题 …… 22

第二节 单供应商两分销商 VMI 协调机制设计要求及协调策略 …… 24

第三节 单供应商两分销商 VMI 协调框架 …… 28

第四节 本章小结 …… 30

第四章　确定性需求下单供应商两分销商 VMI 协调策略 …… 31

第一节　引言 …… 31
第二节　单供应商两分销商 VMI 补货策略研究 …… 32
第三节　基于 Shapley 值法的单供应商两分销商 VMI 成本分担策略 …… 44
第四节　本章小结 …… 51

第五章　动态需求下单供应商两分销商 VMI 协调策略 …… 53

第一节　引言 …… 53
第二节　基本假设及符号说明 …… 54
第三节　补货模型构建及收益分享机制设计 …… 56
第四节　算例分析 …… 68
第五节　本章小结 …… 70

第六章　随机需求下单供应商两分销商 VMI 协调策略 …… 72

第一节　引言 …… 72
第二节　基本假设及符号说明 …… 73
第三节　补货模型构建及价格补贴机制设计 …… 75
第四节　算例分析 …… 90
第五节　本章小结 …… 103

第七章　总结与展望 …… 104

第一节　全书总结 …… 104
第二节　研究展望 …… 105

附录 1 第五章 VMI 协调后补货决策 Lingo 程序 …… 107
附录 2 第六章 Matlab 程序 …… 110
参考文献 …… 130
后记 …… 145

第一章 绪 论

第一节 选题背景

在全球制造和经济一体化浪潮的推动下，企业之间的竞争不断加剧，单个企业之间的竞争逐渐演变为由一系列上下游企业构成的供应链之间的竞争，更多的企业开始从供应链管理角度考虑其管理战略。供应链管理涉及多个层面，而库存管理作为对供应链性能影响最广、控制最难的关键问题，则是供应链管理研究的重要内容之一。同时，库存管理也是实现价值链增值的重要环节，库存量的高低不仅影响着单一企业的综合成本，而且制约着整条供应链的绩效表现。然而，随着经济的发展和供应链的逐渐演化，传统库存管理理论已无法适应市场激烈竞争的挑战。传统库存管理是静态、单级的，供应链上的各个节点根据各自的需要独立运作，重复建立库存，导致供应链失调，因而无法达到供应链全局的最优，且整个供应链系统的库存会随着供应链长度的增加而发生需求扭曲，产生强烈的牛鞭效应，最终影响供应链的整体绩效，削弱其整体竞争优势（郝莉，2004）。此时，供应商管理库存（Vendor Managed Inventory，VMI）作为一种基于信息共享的敏捷供应链合作关系应运而生。

自20世纪80年代宝洁和沃尔玛成功实施VMI以来（Waller et al.，1999），越来越多的行业开始仿效，如零售业Kmart（Aviv，1998；Gnanasekaran，2000）、电信企业Bell Canada（APICS，2003）、医疗系统（Haavik，2000）和汽车行业等（Cooke，1998）。尽管VMI被广泛应用于这些行业的时间不是很长，但仍被认为是一种降低库存及提高客户服务水平的有效的供应链库存管理方式（Achabal et al.，2000；Waller et al.，1999）。数据显示，采用VMI可使供应链成本降低0.4%～9.5%，平均降低4.7%；并且系统供货能力越低，应用VMI越有利（Chungsuk Ryu，2006）。然而，作为对传统库存控制策略进行"责任倒置"后的一种库存管理策略，VMI加大了供应商的配送、库存管理成本以及滞销、缺货等风险，其获得的利润可能会减少，从而造成供应商责任和利益的不平衡。因此，如果不对VMI系统的利益进行重新分配，势必影响它的推广实施。

在VMI环境下，买方一般有两个以上，当买方距离相近（即处于同一区域）而供应商离其较远时，供应商的补货发货决策方式有两种：一是仅从供应商与单个买方的角度出发来考虑，即进行一对一的优化；二是从供应商与多个买方总体的角度考虑，即一对多的优化。很显然，采取第二种方式供应商可以将多个买方的需求合并，实现同时发货，这样既可以减少供应商的发货准备成本，又可以因为整合运输而节约运输成本。对供应商与多个买方的系统而言，此方式是较优的。然而，该补货发货方式面临的一个关键问题是：当不同买方需求合并同时发货时，发货数量、时间等如何确定？为了满足买方的需求，供应商（本书假定为制造商）自身的生产批量以多少为宜？采用VMI前与VMI后引起各方利益的变动又如何协调？这些都是VMI实施过程中需要解决的问题。

基于此，本书针对单供应商两分销商VMI供应链，根据确定需求、动态需求和随机需求三种情况分别研究供应商与两分销商VMI实施前后的补货策略（VMI实施后由供应商负责补货），然后在此基础上设计供需各方的利益协调机制，协调单供应商两分销商VMI实施前后的利益变化，以使供应商与分销商在实施VMI后的利益比VMI实施前得到Pareto改进，从而有利于VMI的推广实施。

第二节 研究目的与意义

一、研究目的

本书在借鉴国内外众多文献的基础上，结合 VMI 实践中的问题，对单供应商两分销商 VMI 协调策略进行研究，目的是试图解决两个方面的问题：一是 VMI 实施前后供应商与两分销商的补货策略。VMI 实施前，供应商与两分销商分别站在各自的立场做最优的补货决策，而 VMI 实施后，由供应商负责自身及两分销商的补货决策，那么供应商对两分销商采用何种补货策略，才能使其总成本最低（利益最大），需要深入分析。二是 VMI 实施后利益的协调问题。VMI 实施后，随着库存管理责任的“倒置”，与库存有关的费用发生了转移，一般来说，两分销商的利益会增加，而供应商的利益可能会减少，因此需要对供应商与两分销商的利益进行再分配。那么如何设计相应的利益协调机制，使供应商与两分销商均满意，从而有利于 VMI 的实施，这是本书的落脚点，其建立在补货策略分析的基础之上。

二、研究意义

1. 理论意义

VMI 的协调是 VMI 研究的重要方向之一，受到越来越多学者的关注。现有的研究大多针对确定性的环境下单卖方单买方一对一的协调，而一对多的协调也仅涉及库存运输运作层面的协调；不确定环境下一对多的协调研究更是少见。本书将在系统研究一对多 VMI 运作模式的基础上，根据随机运筹学理论、博弈论与供应链管理理论，结合 Gurnani（2001）、Wang（2004）、Norden 和 Velde（2005）、Rizk 等（2006）、Ertogral（2008）、Pamela S. Donovan（2006）、Amit Eynan（2007）等的研究，根据确定需求、动态需求和随机需求三种情况，采用基于时间的协调补货方式，设计单供应商两分销商的 VMI 补货发货策略，以最小化系统库存运输成本。然后，将此总成本与 RMI 分散决策下的系统总成本相比较，其差异即为实施 VMI 后产生的利润。再分别运用合作博弈论有关方法、收益分享契约、价格补贴机制对 VMI 实施后产生的利益进行协调，达到各方满意。可见，本研究成果既可以丰富和完善 VMI 理论，同时又能够充实一对多的供应链协调理论。

2. 实践意义

目前，国外许多企业应用 VMI 的成功案例表明企业通过 VMI 获得了强大的竞争优势；相对而言，国内企业应用 VMI 尚处于起步发展阶段，因为缺少理论指导，在实践中产生了许多新的问题，阻碍了 VMI 的推广应用。由于供应链上各实体大都是不同的利益体，单纯的 VMI 并不能保证参与各方的利益都能较原来的 RMI 有所改善，需要一定的协调机制才能实现供应链的完美协调，这也是 VMI 成功实施的关键。同时，现实中的 VMI 环境，非确定需求情况较多，而且一个供应商经常有多个买方。因此，本书研究的 VMI 补货发货策略和利益协调机制，可以对我国企业有效实施 VMI 提供理论依据和实践指导。

第三节　研究思路和方法

本书首先从当前的实际背景与现有的文献综述出发，深入分析单供应商两分销商 VMI 协调面临的问题，进而构建单供应商两分销商 VMI 协调框架，提供进一步研究的基础；接着进入本研究主题，对单供应商两分销商 VMI 协调的具体问题进行描述及有关参数假定，根据市场需求的特点，从确定需求、动态需求和随机需求三个方面研究供应商的补货策略，并设计相应的利益协调机制；最后进行算例分析，检验理论研究结果的有效性并进行总结。研究技术路线如图 1 - 1 所示，主要采用数学规划、概率论、博弈论等方法，理论分析与算例分析相结合，并辅以模拟给出直观的结果。具体而言，确定需求下单供应商两分销商 VMI 的利益协调用博弈方法（Shapley 值法）；动态需求以及随机需求下的补货策略建模采用数学规划方法；三种需求下的补货策略对比、协调机制的设计采用比较研究、理论与算例分析相结合以及模拟等方法。

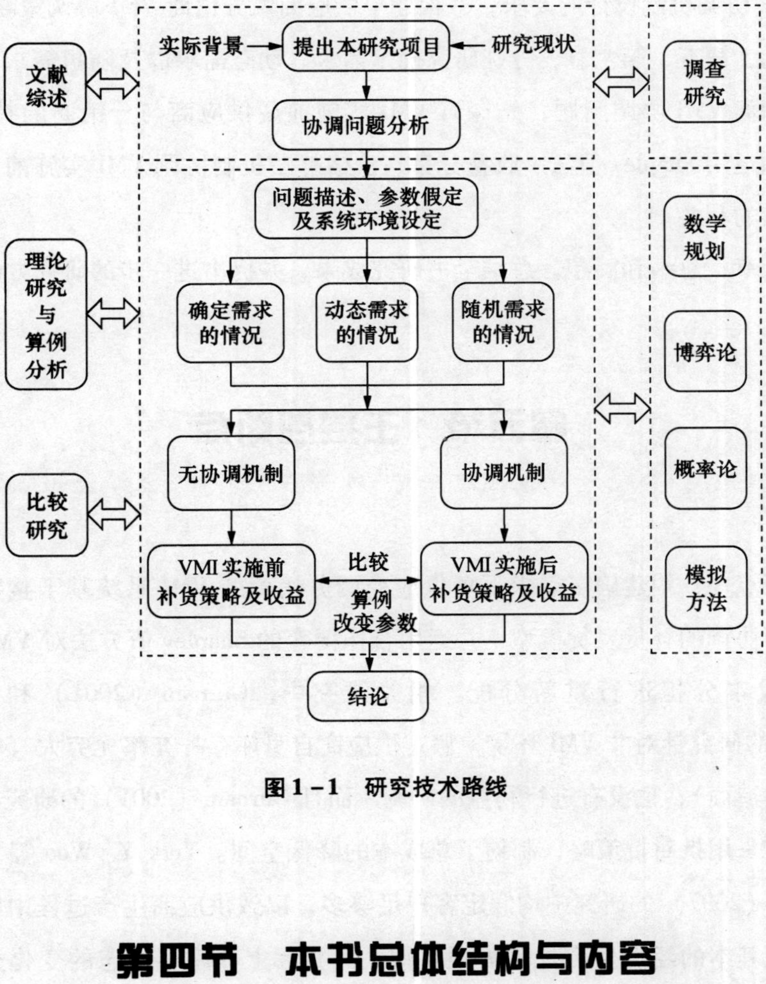

图 1－1 研究技术路线

第四节 本书总体结构与内容

本书共分七章，结构安排及主要内容简述如下：

第一章，介绍本书的研究背景，阐明研究目的和意义，阐述本书的研究思路与方法、结构安排以及主要创新点。

第二章，对与本书有关的国内外研究现状进行系统总结、分析与归纳，主要相关研究包括 VMI 的研究、供应链协调的研究等。

第三章，分析单供应商两分销商 VMI 协调的关键问题，阐述单供应商两分销商 VMI 协调机制设计的要求，并构建单供应商两分销商 VMI 协调策略框架。

第四、第五、第六章，分别研究确定需求、动态需求以及随机需求下单供应商两分销商 VMI 协调问题，先探讨 VMI 实施前后供应商与分销商的补货策略，然后分别运用 Shapley 值法、收益分享、价格补贴机制协调 VMI 实施前后供应商与分销商的利益。

第七章，总结和展望。总结全书研究成果，并提出进一步的研究方向。

第五节　主要创新点

创新点一：构建确定需求下单供应商两分销商的 VMI 系统基于整数比补货周期时间协调的补货发货模型，并运用合作博弈的 Shapley 值方法对 VMI 实施后的库存成本分担进行重新分配。相关研究中，Gurnani（2001）和 Wang 等（2004）的研究针对非 VMI 环境，假定供应商自身库存补充率无穷大（非有限生产率的制造商），也没有进行利益的协调，而且 Gurnani（2001）的研究中，供应商与买方采用批对批策略，制约了总成本的降低空间。York Y. Woo 等（2001）、Zhang 等（2007）的研究中均假定客户足够多，以致供应商生产过程中库存状态的变化与基本的经济生产批量模型类似，而实际上其库存状态的变化是不规则的，在客户较少时这种假定产生的误差相对比较大。本书基于上述研究提出了整数比补货周期时间协调策略，即供应商补货周期分别是两分销商补货周期的整数倍，该策略在建模过程中既考虑了供应商自身库存补充率有限的情形，同时供应商与分销商之间的补货采用非 lot – for – lot 方式，可以弥补上述研究的不足。在整数比补货周期时间协调补货策略的基础上，运用 Shapley 值法对 VMI 实施后的库存成本分担进行重新分配，这种成本的分配方法更适应实际。

创新点二：构建动态需求下单供应商两分销商的 VMI 系统补货发货模型，并设计收益分享机制协调 VMI 实施后供应商与分销商的利益。Norden 和 Velde（2005）、Rizk 等（2006）、Ertogral（2008）以及 Anily 和 Tzur（2005）的研究均针对补货发货策略，为单级库存决策，未涉及利益协调且非 VMI 环境。本书在上述补货发货决策的基础上，考虑了一种分段的运输成本函数以及带服务水平约束的单供应商两分销商两级 VMI 供应链的协调。在模型的处理上也与其他方法不同，通过对模型的转换，采用混合整数规划方法求解，避免了用动态规划方法求解过程中补货发货规则的推导。最后设计了收益分享机制协调 VMI 实施后供应商与分销商的利益。

创新点三：构建单供应商两分销商的 VMI 系统在需求随机情况下的补货发货模型，并设计价格补贴机制协调 VMI 实施后供应商与分销商的利益。相关研究中，Cetinkaya（2000、2006）假定需求服从相同的泊松分布，体现不出买方的异质性。Amit Eynan（2007）研究了多产品的共同补货问题，考虑了随机需求情形，但作者研究的是单级供应链，且不含运输成本。Pamela S. Donovan（2006）也研究了多产品的共同补货问题，尽管考虑了分段的运输成本函数，且考虑了需求和提前期均随机的情形，但所建立的模型也局限在单级供应链。本书在上述基础上假定需求服从正态分布，总成本函数中考虑分段的运输成本函数，带安全库存及服务水平约束，供应商拥有库存的两级供应链。最后设计了价格补贴机制协调 VMI 实施后供应商与分销商的利益。

第二章 国内外相关研究综述

第一节 关于 VMI 的研究

一、VMI 的内涵

供应商管理库存是以供应商和买方双方都获得最低成本为目的，在一个共同的绩效目标框架协议下由供应商管理库存，并不断监督协议执行情况和修正协议内容，使库存管理得到持续改进的合作性策略（James et al.，1997）。VMI 起源于供应商与零售商建立伙伴关系以改善整个供应链绩效（Simchi – Levi et al.，2000）。在改善供应商与零售商伙伴关系的策略中，有快速响应（Quick Response，QR）、连续补货（Continuous Replenishment，CR）和 VMI 等模式。VMI 被认为是改善供应商与零售商伙伴关系的高级模式，因为它不仅实现了信息共享，而且采用库存托管方式（Chungsuk Ryu，2006）。在 VMI 系统中，供应商负责零售商的库存管理，根据零售商的销售时点数据做出补货和库存水平决策。对零售商而言，减轻了库存管理的负担；对供应商而言，则可使库存管理、补货、运输、生产与零售商的销售整合优化，降低相关总成本。也有学者认为寄售就是

VMI 的前身。寄售库存（Consigned Inventory）指供应商占有库存的所有权，但保留该库存以备买方的使用，寄售的库存通常存放在买方厂房或由买方控制的某个地点，一般情况下，库存的所有权在买方使用该库存时发生转移。寄售与 VMI 都强化了买方与卖方之间的合作。寄售的核心是供应商占有库存的所有权，它并没有说明由谁来管理；而 VMI 则没有说明库存的所有权在何时转移，买方可以在货物到达时付款，也可以在货物使用后或销售后付款。VMI 在实践中的成功应用则由宝洁和沃尔玛于 20 世纪 80 年代共同开创（Waller，1999）。之后，VMI 被越来越多的行业认识并付诸实施。

二、VMI 效果的研究

Magee（1958）最先提出了 VMI 的基本框架和概念，而 VMI 受到学术界的广泛关注则始于 20 世纪 80 年代宝洁与沃尔玛合作过程中对 VMI 的成功应用。首先受到关注的就是 VMI 给供应链系统带来的好处，这方面的研究从研究方法上来看大致可以分为两类：一是采用调查研究的方法，通过对医疗系统、零售业、电子工业等行业的调查，检验采用 VMI 与不采用 VMI 或者采用其他库存管理方式相比较的效果；二是建立数学模型或者用模拟的方法分析 VMI 的效果。

采用调研的方法方面，Gerber（1991）调查发现在医疗物流的管理中应用 VMI 会比准时制（Just in Time，JIT）取得更好的效果。Kaipia（2002）基于案例分析了 VMI 在订货时间方面的节约。Jonah Tyan 等（2003）通过调查我国台湾零售业 Wellcome 和美国 P&G 公司之间的 VMI 应用情况，发现 VMI 不仅降低了成本，提高了服务水平，而且为合作双方创造了更多的商业机会。Kuk（2004）调查了电子工业 VMI 的实施，发现公司规模越大，物流集成水平越高，VMI 的效果就越能体现，但是作者没有提出一个客观的标准衡量 VMI 的效果。Holmstrom（1998）研究了一个包装物品供应商和批发商的 VMI 实践案例，发现 VMI 降低了批发商需求不确定性，总的库存和补货提前期也降低，提高了供应商和批发商的竞争力。Achabal（2000）阐述了 VMI 决策支持系统的市场预测及库存管理部分以及该决策系统在一个大的服装制造企业与其 30 多个零售商的实施，发现 VMI

提高了客服服务水平，并且加快了库存周转速度。除了上述 VMI 的正面效应外，也有学者得出了其他的结论。Aichlymayr（2000）通过调查近十个实施 VMI 的案例发现，仅仅三四个案例获得了巨大成功，三四个成效一般，其余两三个却完全没有成效，当然这只能是 VMI 实施方法不当造成的。

采用数学模型方面，Aviv 和 Federgruen（1998）建立了基于 VMI 集中决策的包含一个供应商和多个零售商的两阶配送系统模型，通过比较 VMI 与传统分散决策下系统的总成本，发现 VMI 能够降低系统总成本。Razmi（2010）针对一个一对一的两级供应链，提前期是订货量的线性函数，考虑运输成本，通过分析 VMI 与 RMI 下的总成本，得出了同样的结论。Dong 和 Xu（2002）认为，VMI 总是对买方有利，对供应商是否有利取决于 VMI 的实施时间。短期而言，由于供应商的库存成本增加所以对其不利；长期而言，因买方从 VMI 中获利从而可能降低产品价格，使销量增大，供应商也可因买方需求增加而获得更多的利益，实施 VMI 是有利的。Haisheng Yu 等（2008）运用演化博弈理论方法得出了与 Xu（2002）类似的结论。Yao 等（2008）通过比较信息共享、连续补货（CRP）和 VMI 三种运作环境下供应链中制造商与零售商之间的利益，分析得出 VMI 和 CRP 策略比单独信息共享策略可以使供应链库存成本得到更大的节约，其中 VMI 策略可以使得制造商获得更大收益，而 CRP 策略使零售商收益更大。

模拟的方法由于直观的优点，受到了另外一些学者的青睐。Waller 等（1999）通过运用模拟分析方法，得出 VMI 的运作效益源于极大地降低了所有参与方的库存，买卖各方的协调提高了系统效率。VMI 尽管增加了供应商的成本，但同时也提高了供应商的生产效率和市场预测的准确性。Smaros 等（2003）针对一个制造商多个分销商、部分参与 VMI 系统的供应链，运用离散事件仿真的方法，分析了 VMI 对制造商运作效率的影响，发现即使产品需求是稳定的，部分经销商的需求信息通过 VMI 共享，也能提高制造商的生产和库存管理效率。与上述从纯库存方面考虑不同，Disney 等（2003）则运用系统动力学方法研究了 VMI 对运输作业的影响，指出 VMI 方式所包含的库存管理思想能够达到增大运输批量以减少运输需求，从而节约运输成本且不影响整个供应链的动态绩效。

Kazim Sari（2007）分析了不同市场条件下 VMI 的绩效，认为需求、提前期和外部供应商的能力均可以影响 VMI 给双方带来的利益。之后，Kazim Sari（2008）又运用仿真的方法对 CPFR（Collaborative Planning，Forecasting and Replenishment）和 VMI 两种供应链合作机制进行了比较，发现 CPFR 的绩效表现要好于 VMI，即具有较低的供应链总成本和较高的服务水平。然而，这只是在特定假定条件下得出的结论。

上述文献显示，VMI 的好处包括缩短补货提前期、降低库存水平、加快库存周转、减少运输成本、降低总成本以及提高客服服务水平等，最终提高供应链的竞争力。然而，有时候这些好处的获得是有一定条件的，有时甚至不会带来理想的效果，这给企业实施 VMI 提供了间接的启示（全春光，2010）。

三、VMI 与信息共享

信息共享是实现 VMI 的基础，对信息共享的研究同时阐述了 VMI 给供应链带来的价值。与信息共享关系密切的是“牛鞭效应”的提出。Forrester（1961）最早提出“牛鞭效应”的概念，后来许多其他学者也都发现了“牛鞭效应”的存在（Sterman，1989），也就是沿着供应链上游移动，需求变动程度不断增大的现象。Lee 等（1997）从运作管理的角度首次定量分析了“牛鞭效应”产生的四大原因：需求信息扭曲（Demand Signal Processing）、理性博弈（The Rationing Game）、批量订货（Order Batching）以及制造商的价格波动（Price Variations）。除了上述四大原因会产生“牛鞭效应”之外，预测方法的不当也会导致“牛鞭效应”的产生。Chen 等（2000）分析了单一制造商和单一零售商组成的二阶供应链，指出通过集中化需求信息共享可以减少“牛鞭效应”，但不能完全消除。

VMI 被认为是医治供应链“牛鞭效应”的良方，Lee 等（1997）认为 VMI 系统内，供应链节点企业间通过 VMI 信息系统实现信息共享，可以减少信息传递过程中的信息扭曲。Xu 等（2001）和 Waller 等（1999）发现由于供应链上信息扭曲的现象大大减少，VMI 系统中库存成本和其他生产成本都会降低，生产能力的利用会增加。Disney 和 Towill（2003）通过系统动力学的方法建立 VMI –

APIOBPCS 模型，研究了 VMI 策略对供应链“牛鞭效应”的影响，模拟仿真得到“牛鞭效应”的两个因素即理性博弈和批量订货在 VMI 系统中能够完全消除，而且由于促销引起的价格波动对牛鞭效应的影响也大大减小。

Aviv（1998）分析了信息共享的价值，并且获得了 VMI 下信息共享的边际值。Kulp（2002）建立了一个实证分析模型比较传统的库存管理与 VMI 模式的利益，并且验证了 VMI 中导致其较高收益的可能因素，尤其强调了 VMI 中的信息共享。研究发现，在下游公司愿意与上游制造商共享其销售数据和库存信息并且有可靠的信息交流渠道的情况下，VMI 比传统的库存管理模式收益高是可能的。Angulo 等（2004）运用离散事件仿真的方法分析了信息共享对 VMI 绩效的影响，得出三个有价值的启示：第一，零售商不应该忽视信息的不准确性；第二，零售商的信息共享要及时；第三，零售商尤其要对非静态的需求预测数据共享，如新产品、季节性产品及促销产品信息。

从上述研究可以发现，这方面的研究主要集中在 VMI 信息共享对供应链的影响，如减少“牛鞭效应”、增加收益，运用的方法主要是实证方法和模拟方法。

四、VMI 运作优化

VMI 模式下，供应商负责补货和库存水平决策，有条件使库存管理、补货、运输、生产同步，从而降低相关总成本。那么，如何才能使库存、生产、运输与销售等活动协调，这些活动参数的变化对 VMI 系统的绩效又会产生什么样的影响，此即 VMI 的运作优化问题，引起了许多学者的兴趣。这方面的研究，根据系统的环境特点，可分为确定型环境与非确定型环境，前者提前期与需求一定，而后者提前期与需求至少有一个是不确定的。根据供需的数量，有一对一情形和一对多情形。一对多的 VMI，协调难度更大，不仅要协调供应商与其中一个买方，而且要考虑协调多个买方的补货。从考虑成本的结构来看，可以分为考虑运输成本的协调和不考虑运输成本的协调。下面主要从供应链结构即一对一及一对多两个主要方面进行总结。

一对一 VMI 供应链中，最基本的就是确定型环境下的订货决策、参数控制问题。郭海峰等（2005）考虑由一个供应商和一个用户组成的供应链，对有确定需求、初始库存和允许库存短缺的一种畅销商品，建立了 VMI 供应链模型，讨论了 VMI 模式下的采购数量和利润。YuliangYao 等（2007）建立了单供应商单买主的 VMI 集成模型，研究了供应链参数对 VMI 绩效的影响，发现集成后库存成本的节约依赖于买卖双方的库存持有成本之比与订货成本之比。Fry 等（2001）构建了（z，Z）型 VMI 协议，研究该协议协调生产和分销所带来的节约，分析供应商和零售商的最优行为。Darwish（2011）针对一个供应商和一个零售商组成的 VMI 供应链，假定零售商设定库存水平上限，供应商超过则受到惩罚，研究了该模式下供应商的最优补货决策问题，并进行了敏感性分析。上述模型均没有考虑运输成本，Toptal（2003）讨论了一个需求确定、包括固定成本和供应商阶梯式内部运输成本的补货成本结构条件下供应商补货数量的优化问题。需求确定只是一种理想的情况，现实中的需求或补货提前期大多是不确定或随机的。Disney 和 Towill（2002）讨论了需求随时间动态变化的 VMI 供应链的绩效问题。作者引入了 APIOBPCS 模型，分析了生产调整准备成本、系统库存成本、分销商的库存成本等参数的设置对供应链性能指标如“牛鞭效应”、顾客服务水平的影响，同时也为系统最优参数的控制提供了参考，但是作者的模型没有考虑运输成本。Chaouch（2001）针对一类随机需求的库存运输问题，假定参与方共同决定补货频率和库存水平以最小化系统总成本，建立了一个分析模型以权衡库存投资、补货频率和缺货损失。杨建功（2014）运用动态规划方法，探讨了呈现特殊需求性质的库存竞争性产品在 VMI 环境下的多期动态补货策略，以及传统库存管理中不加考虑的库存空间优化问题。

一对多 VMI 供应链中，York Y. Woo 等（2001）、Zhang（2007）、张长星和党延忠（2005）、Hariga（2013）、Reza（2014）、Nishant（2014）研究了需求确定环境下的供应商补货决策问题。与上述假定需求确定不同，Cheung 和 Lee（2002）、Cetinkaya（2000、2006）研究了需求随机（服从泊松分布）情况下的补货决策问题，其中 Cetinkaya（2000）的模型考虑了运输成本，但假定提前期为零。Cetinkaya（2000）的研究后来成为一对多 VMI 库存与运输协调的经典。

随后，Axsater（2001）、刘丽文和袁佳瑞（2003）、杜少甫（2007）、刘鹏飞（2008）和 Gou 等（2008）在 Cetinkaya（2000）模型基础上进行了拓展，其中，杜少甫（2007）考虑了产品变质因素和提前期因素，Gou 等（2008）认为应该考虑零售商对其客户服务过程中的补货成本及库存持有成本，而零售商的等待成本因与供应商提高服务水平的趋势相悖不应该考虑。Ching 等（2005）也结合数量发货策略和时间发货策略的特点建立了 VMI 下的混合发货策略模型，模型中考虑了库存成本、运输成本、发货成本和再订购成本，但是作者的模型没有考虑提前期。Bertazzi 等（2005）则研究了一个供应商生产几个产品，用多台车辆配送给多个零售商的复杂的生产配送系统，分析了两种不同类型的 VMI 配送策略：order – up – to level 策略和 fill – fill – dump 策略对系统成本的影响。刘丹和刘志学（2013）研究了随机需求下基于 VMI 和 TPL 供应链的单供应商两制造商补货策略问题，并对供应商的共同补货转运策略与供应商单独为各制造商补货的策略进行了比较分析。

从上述研究中可以看出，将运输与补货发货集成考虑，研究不确定情况下 VMI 的运作优化将是未来的一个主要方向。

五、VMI 利益协调

在 VMI 供应链中，由于下游企业将库存控制权转移到了上游企业，必然造成上游企业库存管理成本的增加。因此，设计合理的协调机制以解决上下游企业的成本转移，实现利益共享，风险共担，成为决定 VMI 系统成功实施的关键。目前关于 VMI 利益协调的研究主要集中在两个方面：一是研究协调机制对 VMI 性能的影响；二是研究具体的协调机制设计。

协调机制对 VMI 性能的影响方面，唐宏祥（2004）比较了分散式供应链和 VMI 模式供应链的性能，指出在缺乏有效的协作机制的情况下，VMI 的优势不能得到有效的发挥，通过零售商分担供应商的滞销风险和供应商承担零售商的部分促销费用，VMI 模式的供应链的性能会进一步提高。Dong 和 Xu（2002）认为在 VMI 的实施初期，由于对供应商不利，可以考虑提高零售商采购价格来补偿供应商库存成本的增加。余玉刚等（2005）讨论了在考虑定价、生产能力和原料采购的 VMI 系统非合作博弈的基础上实现 VMI 系统 Pareto 最优的一般条件，给出了在 Stackelberg 博弈下的可行 Pareto 最优集问题。

另外一些学者则研究了具体的协调机制的设计，以基于契约的 VMI 协调机制，如价格契约、收益分享契约等为典型。价格契约就是利用价格政策来协调供应商和买方的关系。钟磊钢等（2006）针对有确定需求、有初始库存和库存短缺的一种畅销商品，建立了供应商管理库存模型，通过建立数量折扣契约的激励机制来协调供应商和零售商的收益。唐桂凤等（2005）基于单一供应商和单一零售商的两阶段模型，假定顾客需求随机并且允许缺货，在分析 VMI 实施前后双方利润变化的基础上，提出了协议价格这种供应链协调机制，以保证 VMI 的有效实施。Bernstein 等（2006）研究了一个供应商和多个不同的依靠销售数量相互竞争的零售商组成的两级供应链协调问题，认为在 VMI 策略下，通过一个简单的价格折扣就可以实现供应链完全协调。Yugang、Liang 和 Huang（2006）建立了一个制造商多个零售商的 Stackelberg 博弈，分析了制造商与零售商的定价策略。Cachon（2004）研究了三种契约下供应链库存风险的分担，认为供应商管理库存作为一种拉式契约（Pull Contract），不能够使供应链完美协调，提出可以通过提前采购折扣契约（Advance - Purchase Discount Contracts）来实现供应链的完美协调。

收益共享契约是通过制订供应链总收入在成员间的比例分配关系，达到供应链系统的协调。Wang Yunzeng 等（2004）研究了零售商处于 Stackelberg 领导地位，外部需求是价格的函数，基于收益共享契约的 VMI 系统绩效。Gerchak 和 Khmelnitsky（2003）则研究了供应商处于 Stackelberg 领导地位，收益共享比例给定的 VMI 模型。蔡建湖等（2006）讨论了一个季节性商品、需求不确定环境下的供应商管理库存型，建立了零售商向供应商支付剩余补贴的契约模型，认为通过引入补贴参数，在一定的区域内可以实现在协调供应链的前提下供应商和零售商期望利润的帕累托改进。曹武军等（2007）假设外部需求是随机变量且对价格敏感的情况下，分析了集中控制模式下供应链的最佳库存量和最佳零售价格以及

VMI 模式下的系统性能，并利用收益共享契约来进行 VMI 模式下供应链成员之间的协调。Cachon（2001）运用博弈论方法探讨了采用 VMI 机制的“一对多”两级供应链如何获得渠道协调的问题，认为 VMI 并不能保证使供应链优化，除非供应链中的供应商和零售商愿意提供固定的转移支付策略以激励参与实施 VMI 机制，并且双方也都愿意共享收益。Yu 等（2009）研究了单供应商多零售商、VMI 系统中需求是价格函数的买卖双方的 Stackelberg 博弈均衡，认为只要零售商能够和供应商合作，接受一个按一定比例分享增加的利益的契约，就能使 Stackelberg 博弈均衡得到进一步改善，提高双方的收益。

除了采用价格契约和收益分享契约外，Suo Hansheng 等（2004）研究了由风险中性的供应商和规避风险的零售商组成的 VMI 供应链的协调，利用效用函数建立了零售商的风险规避模型，提出了一个能够协调该供应链的数量柔性契约。刘志学和储力（2005）探讨了在由供应商和分销商组成的 VMI 系统中，当分销商缺货时，作为核心企业的供应商如何对分销商进行激励，通过建立信息对称和不对称两种情况下的激励模型并进行比较，为供应商制定有效的激励合约提供依据。

从现有的研究文献不难看出，VMI 利益协调机制方面，价格契约和收益分享契约是经常运用的两种契约。设计契约的过程中，运用方法大体有两类：优化方法和博弈方法，不管哪一类，均以使供应链完全协调为最高目的。

第二节　供应链协调的相关研究

供应链是典型的、需要协调的系统。由于供应链中各节点企业利益最大的要求不一定能同时得到满足，因而供应链各成员不可避免会产生冲突与竞争，但既然能形成一条供应链，他们就需要共同协作，使供应链整体运作产生的利益大于各节点企业单干获得的利益之和。供应链协调（Supply Chain Coordination，SCC）

的目的是通过各种手段使链中各节点企业减少冲突竞争及内耗，更好地分工合作，发挥供应链的整体优势以获取最大收益（刘永胜，2003）。由于SCC在供应链管理中扮演了重要的角色，引起了理论界的广泛关注，成为了供应链领域的一个研究热点。目前，研究SCC的文献主要围绕下面这些主题展开（Arshinder，2008）：①供应链协调的含义以及目的；②供应链成员在协调的过程中遇到的困难；③供应链失调的原因；④SCC的不同模式和机制；⑤SCC对供应链中的不同行为和过程的影响；⑥供应链成员实施SCC后收益的分配。

Malone和Crowston（1994）定义供应链协调是管理供应链上各企业间依赖性的活动并朝着共同目标一起努力的过程。Thomas等（1996）根据供应链中三个传统的阶段：采购、生产和配送将供应链协调分为三种类型：采购—供应协调、生产—配送协调和库存—配送协调。Moses等（2000）研究了一个由制造商和零售商组成的供应链的协调策略机制问题，对有关数量折扣、博弈论协调模型和多级库存理论这些供应链协调方面的文献进行了评述。由于数量折扣机制的广泛运用，Sarmah（2006）就确定环境下用数量折扣方法作为协调机制的一类买卖协调问题进行了评述。Xiuhui Li（2007）认为有三个方面的运作协调可以使供应链的利益最大或成本最小：订货数量协调、订货时间协调以及信息共享，并分别从集中化决策供应链与分散决策供应链两方面，根据确定型系统与随机系统、供需双方的数量等情况对供应链协调机制做了比较全面的总结（见表2-1）。

依上述学者对供应链协调模型的分类不难发现，分类的依据不同，分类结果呈现多样性。根据系统的环境可分为确定型（Monahan，1984；Banerjee，1986；Weng，1995；Nihat Altintas，2008）与随机型（Ben-Daya，2004；Liang-Yuh Ouyang，2004）；从优化方式来看，可分为博弈优化（Chen et al.，2001；Wang，2001、2002、2004）与整体优化（Roger M. Hill，1997；Mohammad A. Hoque，2006），前者考虑供需双方决策的相互影响，基于博弈理论分析供需双方的最优策略，而后者正好相反，将供需双方看成一个整体，然后确定供需双方的决策使得整体最优；从协调机制来看有价格调整、惩罚成本调整、库存所有权转移、数量承诺机制、补货周期协调、直接分配机制、联合补货等方式；从供需双方的数量来看，有一对一（Goyal，1977；Monahan，1984；Roger M. Hill，1997）、一对多（Viswanathan 和 Piplani，2001；Mishra，2004；Wang，2001、2002、2004）、多对一（Lau，1994）的情形。根据研究的特点，下面主要就一对多的供应链协调问题进行总结。

表 2－1　供应链协调模型

决策结构	需求性质	
	确定性需求	随机性需求
集中决策	①经典的多级库存订货批量问题（如 Wagner 和 Whitin，1958；Zangwill，1969；Schwarz，1973） ②二次幂策略（Power－of－two）和整数比（Integer－ratio）协调机制（如 Roundy，1985、1986） ③经典的联合补货问题（如 Goyal，1973；Silver，1976；Chakravarty，1985；Federgruen 和 Zheng，1992）	①固定策略（Installation policies）（如 Clark 和 Scarf，1962；Deuermeyer 和 Schwarz，1981；Svoronos 和 Zipkin，1988） ②多级库存决策（如 Clark 和 Scarf，1960；Chen 和 Zheng，1994a、1994b、1998） ③信息共享模型（如 Zheng 和 Zipkin，1990；Cachon 和 Fisher，2000；Moinzadeh，2002）
分散决策	①数量折扣模型（如 Dolan，1978；Monahan，1984；Lal 和 Staelin，1984；Parlar 和 Wang，1994；Wang，2002） ②利益共享模型（如 Goyal，1976；Banerjee，1986b；Joglekar 和 Tharthare，1990）	供应链博弈模型（如 Porteus 和 Whang，1991；Cachon 和 Zipkin，1999；Caldentey 和 Wein，2003）

Lal 和 Staelin（1984）较早研究一个供应商面对几个同质买方情况下如何确定最优的价格策略，并将其扩展到异质买方。Kohli（1994）等也考虑了一个供应商与一组同类购买者之间交易成本的情形下，探讨了一种联合订货策略。Gurnani（2001）针对一个供应商多个异质买方三种不同的订货结构研究了数量价格折扣模型。Klastorin 等（2002）研究了一个制造商供应一种产品给多个需求静态的零售商的协调问题。Viswanathan 和 Piplani（2001）、Mishra（2004）等研究和分析了通过使用共同补给期协调供应链库存的利益问题。供

应商指定共同补给期，并提供一种价格折扣以引诱购买者接受这种策略。Chen 等（2001）、Wang（2001、2002、2004）等则运用 Stackelberg 博弈理论建立了包含一个供应商、多个买方的系统协调机制。Yang 和 Wee（2002、2003）给出了一个供应商、多个零售商的基于整数倍的变质物品的库存策略。李建立（2001）研究了一个多周期运行的一对多供应链系统，提出了基于数量和基于时间的协调策略，并设计了价格折扣机制以协调供需双方的利益。Amit Eynan（2007）研究了多产品的共同补货问题，提出了用泰勒级数展开方法来近似得出总成本函数，但作者考虑的是单级供应链，且不含运输成本。Han 和 Cho（2005）研究了一个多产品的动态批量问题，不允许缺货，运输成本为装置容器的整数倍，提出了一个启发式算法求解，但是他们的研究为单级的供应链，且运输成本函数过于简单。Norden 和 Velde（2005）研究了一个多产品的动态批量问题，建立了整数线性规划模型，作者也假定运输成本函数为 Piecewise 型，带运输能力契约约束，最后用 Lagrangean 松弛算法求解；Rizk 等（2006）和 Ertogral（2008）研究了多产品无能力约束的动态批量问题，运输成本为 Piecewise 函数，用 Lagrangean 松弛算法求解；Anily 和 Tzur（2005）研究了一个多产品的动态批量问题，作者假定运输成本分成两个部分，一部分为与件数有关的可变成本，另一部分为与整车（每车的最大运输数量一定）有关的固定发货成本，建立了整数线性规划模型，运用动态规划的方法求解，他们的研究也均局限在单级供应链。Pamela S. Donovan（2006）尽管对需求和提前期均随机的多产品共同补货问题进行了研究，并考虑了分段的运输成本函数，但所建立的模型也局限在单级供应链。

从上述文献可以看出，现有的研究主要集中在一对一的供应链，而一对多的供应链协调虽然引起了一些学者的关注，但他们的研究多建立在宽泛的假设基础上，如假定为确定性需求或者同质的买方等情形，而需求和补货提前期为随机、买方为异质的情况下的协调研究尚不多见。

第三节　本章小结

通过研读大量的文献资料发现，作为一种基于供应链的库存管理方式，供应商管理库存已引起企业界和学术界的高度关注。VMI 的益处主要源于其实施双方补货发货运作方面的协调，而利益的协调则是 VMI 双方合作的保证。许多学者运用不同的方法、从不同的角度对这些方面做了大量的研究，但仍有许多问题需要进一步深入研究。

第一，VMI 的运作优化方面，研究一对多的 VMI 需求服从正态分布的情形不多。虽然 Cetinkaya 等（2000、2006）研究了需求随机的一对多 VMI 供应链，但是他们假定需求服从相同的泊松分布，且提前期为零，这种情况下买方的异质性得不到体现。杜少甫（2007）虽然考虑了补货提前期随机的情况，但也是建立在需求服从相同的泊松分布的假设基础之上，可是现实中的需求有许多服从正态分布。那么，当买方需求服从不同正态分布的时候，在考虑两级库存的一对多供应链中，供应商的补货发货策略如何，有待进一步研究。

第二，现有的运作优化模型中运输成本设计过于简化。在建立总库存成本函数时，多假定运输成本是运输数量的线性函数，且此函数固定不变。然而，现实中并非总是如此，如运输过程中满载与非满载，一次的运输费用就比较接近。如果假定运输成本是运输数量的线性函数，那么运输承担方就不会考虑提高车辆的装载率了，显然与实际不相符合。因此，当考虑装载工具的运输能力的时候，运输成本就是运输数量的分段函数，此情况下的补货发货优化问题仍需研究。

第三，可以运用合作博弈理论的有关方法对一对多的 VMI 利益进行协调。一对多的供应链在实施 VMI 后由供应商统一补货发货相对实施 VMI 前分散决策下一般会产生总成本的节约，即所谓的利益，而且实施 VMI 使库存管理权限转移之后会相应引起各方库存成本的变动，需要对供应商和多个买方利益进行协调。除了现有的价格折扣及收益分享契约机制之外，运用合作博弈理论的有关利益分配方法（如 Shapley Value 法）进行利益协调也是一个可以考虑的方向。

第四，现有的一对多 VMI 研究中，VMI 的补货发货策略居多，而将补货发货策略与利益的协调结合考虑较少。尽管一般的一对多供应链研究中有利益协调的研究，但是它们的利益协调与 VMI 环境下的利益协调毕竟不同，而且一般的一对多供应链利益协调研究多为单级的供应链。

基于上述考虑，本书针对一个供应商两个分销商的两级供应链 VMI 问题，从供需双方利益总和最大化的角度，根据确定需求、动态需求和随机需求三种情况分别分析供应商的协调补货策略，然后通过利益协调机制来协调供需双方 VMI 实施前后的利益变动，不仅在学术领域丰富了 VMI 理论，而且对一个供应商多个买方的一般供应链运作实践具有指导意义。

第三章　单供应商两分销商 VMI 协调问题分析

第一节　单供应商两分销商 VMI 协调的关键问题

供应链中根据供需方数量的不同，可以分为一对一、一对多、多对一供应链。单供应商两分销商 VMI 属于一对多供应链的一种，其协调的问题中有两个方面需要考虑：其一，它是 VMI 供应链，由于 VMI 的实施，库存所有权及责任发生了转移，给供需双方的库存成本带来变化，如果不重新协调供需双方的利益，势必影响 VMI 商的实施；其二，它是一对多供应链，多个需求方可以通过协同补货降低订货费、运输费、存储费等库存总费用，因而单供应商两分销商 VMI 协调隐含了供应商与分销商的利益协调及运作层面上的订货协调，从而给协调增加了难度。具体对于单供应商两分销商的 VMI 而言，协调过程中有以下问题需要解决：

1. 责任与利益的合理分配

在实施供应商管理库存的过程中，必须制定详细规范的实施细则，明确双方的责任和权利。没有明确的权责分配，双方的合作和信任就失去了存在的基础。

在制定供应商管理库存的权责分配细则时，应该从库存费用支付、库存控制和管理、运输管理以及需求预测等方面做出明确的安排。总之，无论什么方面的实施细则，必须遵循一条基本准则：每个细则的确定必须有助于降低整条供应链的成本，提高供应链整体服务水平（张洁，2007）。

2. 供应链运作的同步性

单供应商两分销商 VMI 供应链的目标是通过供应链中各成员间的相互合作与共同努力，使整条供应链产生的收益最大，这就要求供应链上各节点企业的有关活动应该是同步进行而不是各自为政的。然而，由于供应链中各成员都是各自独立的经济实体，都有自己的经营目标，有些目标与供应链的整体目标是无关的，甚至有可能是冲突的，单个企业的绩效目标可能对供应链的整体绩效产生负面影响。如果不对他们的目标进行整合，势必影响供应链整体绩效的实现。因此，对供应链中各成员管理目标进行必要的整合以满足供应链运作的同步性要求成了供应链协调必须解决的问题。

3. 供应链中的不确定性

供应链系统运行过程中存在着诸多不确定性因素，如订货提前期变动、需求变化、生产异常、货物运输延迟等，但主要表现为两种不确定性：一是需求信息偏差逐级放大引起的需求数量不确定性；二是物流供应时间延迟累计效应导致的交货期不确定性。第一种不确定性从顾客需求开始，由供应链的下游向上游逐级传送，直接影响供应链上供应商的库存量和库存时间，从而使库存成本大大增加。第二种不确定性从供应商开始，沿供应链向各分销商逐级传递，直接影响产品的生产和交付时间，进而影响客户服务水平。不论哪一种不确定性，都造成了供应链的不协调。因此，如何降低这些不确定性的影响是供应链协调所必须注意的问题（刘永胜，2003）。

4. 供应链库存信息的有效传递

供应链各成员间的需求预测、库存状态、生产计划安排等数据都是供应链协调所需的重要数据，这些数据分布在供应链不同组织之间，要做到有效快速响应顾客需求，最大限度地发挥库存效能，就必须准确而实时地传递供应链协调所需的有关信息。为此，需要对供应链的信息系统模型进行改进，对供应链各成员的管理信息系统进行集成。然而，目前许多企业的信息系统相容性很差，无法很好地集成起来，当供应商需要了解顾客的需求信息时，常常得到的是延迟的信息和不准确的信息。由于延迟引起误差和影响库存量的精确度，也会给短期生产计划的实施带来困难。因此，如何有效传递供应链信息是提高供应链协调绩效亟待解决的问题。

5. 供应链各企业成员之间的合作和信任

供应链的良好运作是供应链成员企业互相合作的基础，在实施 VMI 策略时，供应商和分销商要有高度的合作精神，相互信任并让库存信息保持透明，只有双方建立真正的合作伙伴关系才能让 VMI 策略顺利实施。如果实施 VMI 的双方彼此猜疑，没有互相信任的友好气氛，即使双方有共同的利益基础，合作仍无法开展。

在单供应商两分销商的 VMI 协调过程中，需要解决的问题较多，而利益的协调是双方合作的根本，运作协调则是利益协调的保证，因此本书将从这两个方面进行研究。具体而言，就是设计合理的利益协调机制，协调供应商与分销商的利益，并同时分析 VMI 实施过程中供应商的优化补货策略。

第二节　单供应商两分销商 VMI 协调机制设计要求及协调策略

一、单供应商两分销商 VMI 协调机制设计要求

供应链协调是 SCM 的一项重要工作，它主要关注于供应链环境下的成员企业。建立供应链协调机制的主要目的是利用一定的利益调节手段，在使供应链中某一成员企业（如供应商/分销商）获得库存成本降低或利润增加的同时，保证

另一成员企业（如供应商/分销商）获得一定的利益以及整个供应链库存成本降低或利润增加。在一个由具有不同利益目标的成员企业所组成的供应链系统中，要使各项活动协调运作，就必须考虑成员企业的利益平衡和建立有效的协调机制。

从微观经济学和博弈论的角度来看，协调机制实际上是一种供应链成员企业适用的契约或合同，是用来规范成员企业行动的约束或制度。针对单供应商两分销商的 VMI 系统，其协调机制设计应该满足以下基本性质（卢少华，2006）：

（1）有效性。有效的协调机制应该有助于加强供应链成员之间的合作，使成员相互之间的竞争有序化，最终达到协调后的系统收益（明显）优于协调之前，从而使供应链系统整体和成员的处境均得到改善。有效性是供应链协调机制存在的前提。

（2）稳定性。有效的协调策略应该具有自动依从的性质，不需要额外的强制手段来规范参与人的行为。也就是说，有效的协调策略应该能够使系统效率达到最优的同时，所有参与者的收益也能达到最优，从而没有人有打破均衡状态的动机，系统的合作得以稳定维持。

（3）公平性。所有参与者的地位是平等的，协调机制不能偏袒某部分成员，也不能以牺牲部分成员的最终利益来达到系统的整体协调。同时，一般也应该依据参与者的贡献大小分享供应链协调后产生的额外收益。

（4）可操作性。协调机制最终必须以具体可操作的行为规范、契约、规章制度或指导原则的形式确定下来，给成员以明确的行为指导和制约，抽象模糊的概念是不可操作的，也无法保证执行中的正确性。

（5）一般性。协调策略在整个系统内部具有一般性，体现在两个方面：首先，协调策略可以适用于供应链合作系统中的所有成员，对大家进行一致性的规制；其次，协调策略必须适用于系统中信息分布的不同情况，在对称信息和不对称信息的情况下都有协调作用。

（6）独立性或并发性。供应链系统中的成员往往与多个伙伴具有业务联系，协调机制应该保证成员之间的协调行动产生的影响不会沿着供应链系统传播，而且成员可以同时与供应链系统中的上下游企业进行协调，两者之间不存在时序关系。

二、单供应商两分销商 VMI 协调策略

1. VMI 合作企业利益分配的 Shapley 值法

Shapley 值法是 L. S. Shapley 于 1953 年提出的解决 n 人合作对策（Cooperative N－person Game）问题的一种方法。当 n 个人从事某项经济活动时，对于他们之中若干人组合的每一种合作（单人也可视为一种合作），都会得到一定的效益，当人们之间的利益活动是非对抗性的时候，合作中人数的增加不会引起效益的减少，这样，全体 n 个人的合作将带来最大效益。n 个人的集合及各种合作的效益就构成 n 人合作对策，Shapley 值法是分配这个最大效益的一种方案。定义如下：

设局中人集合 $N=\{1, 2, \cdots, n\}$，如果对于 N 的任一子集 S 都对应着一个实值函数 $v(S)$，满足：

$$v(\phi)=0$$

$$v(S_1 \cup S_2) \geqslant v(S_1)+v(S_2),\ S_1 \cap S_2=\phi \qquad (3-1)$$

则称 $[N, v]$ 为 n 人合作对策，v 为对策的特征函数，S 为 n 人集合中的一个合作，$v(S)$ 为合作 S 的效益。

用 x_i 表示 N 的成员 i 从合作的最大效益 $v(N)$ 中应得到的一份收入。如果：

$$\sum_{i \in \mathbf{N}} x_i = v(N), x_i \geqslant v(\{i\}), i = 1,2,\cdots,n$$

则称 $x=(x_1, x_2, \cdots, x_n)$ 为合作对策的一个分配。

在 Shapley 值法中，合作 N 下的各个伙伴所得利益称为 Shapley 值，Shapley 值由特征函数 v 确定，记作 $\Psi(v)=[\varphi_1(v), \varphi_2(v), \cdots, \varphi_n(v)]$。

$$\varphi_i(v) = \sum_{S(i \in S)} \frac{(|S|-1)!(n-|S|)!}{n!}[v(S) - v(S \setminus i)] \qquad (3-2)$$

其中，$|S|$表示联盟中所含局中人的个数。

Shapley 值可以认为是出自于一种概率解释。假定局中人依随机次序形成

联盟，且各种次序发生的概率相等，即均为 $1/n!$。局中人与其他 $|S|-1$ 人形成联盟 S，局中人 i 对这一联盟的贡献为 $v(S)-v(S\setminus i)$（实际上为一种边际贡献）。根据这种解释，局中人 i 所作贡献的期望值正好就是 Shapley 值。

2. 收入共享契约策略

收入共享契约策略是通过制订供应链总收入在成员间的比例分配关系，达到供应链系统的协调。收入共享契约可用两个参数（c_1，ρ）来描述。在该契约下，供应商向分销商收取单位产品的批发价 c_1，且 c_1 小于单位产品的边际成本 c_0，以换取分销商 $1-\rho$ 比例的收入。$c_1<c_0$ 确保了链间成员的合作，同时 ρ 决定了整个收入在供应商和分销商之间的分配比例（Cachon et al.，2002）。两级收入共享契约模型可以简单用图 3－1 表示：

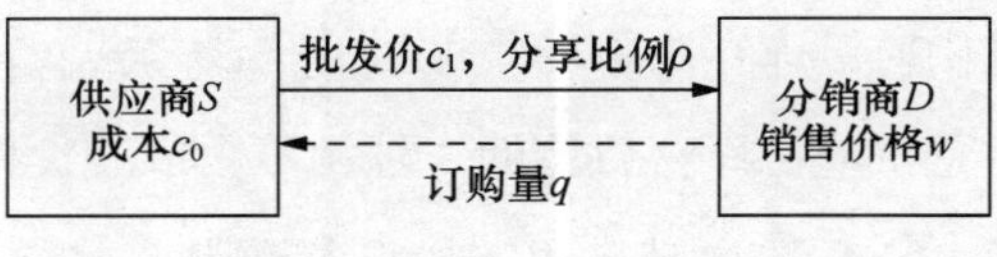

图 3－1　两级收入共享契约模型

在收入共享契约下，分销商的利润为：$\pi_S=\rho w.q-c_1.q$；供应商的利润为：$\pi_D=(1-\rho)w.q+c_1.q-c_0.q$。

另有学者研究了 VMI 模式下零售商占据 Stackelberg 领导者地位的收入共享契约。供应商和零售商之间的利润分配是通过收入共享的形式给定，并且供应商的收入仅来自按零售商选择的收益份额 $1-\rho$ 分配的利润，不存在另外支付批发价，供应商据此决定自己的最优库存量（蔡建湖，2006）。

3. 价格折扣（价格补贴）策略

价格折扣策略指产品的价格随着订货数量的增加而减少的一种定价策略。由于产品的边际价格会随着采购数量的增加而减少，分销商倾向于提高订货量来降低成本，以缓解双重边际效应的影响，改善整个系统的性能。常用的折扣策略包括数量折扣和双边价格。数量折扣是指供应商根据分销商的订货数量对产品的价格给予一定的调整；双边价格是在批发价格策略的基础上增加固定采购成本。采用数量折扣手段的理由有两个方面（刘永胜，2003）。首先，数量折扣是多数行业为了促销产品或消除过量库存而广泛采用的手段。数量折扣的广泛采用是基于这样的事实：供应商提供的折扣激励会影响购买者的购买行为，从而产生或者增加销售需求。数量折扣的主要好处是，当对买卖交易中的折扣进行适当的安排时，买卖双方能同时减少他们的库存成本。Gupta（2000）认为，即使在强调降低库存、杜绝浪费和精细运作的准时制环境下，数量折扣也是有利的。其次，数量折扣策略适合于分散的供应链的情形。在分散的供应链中，独立公司愿意协调，但要同时保证它们自己的收益。事实上，许多供应链成员都是自我本位的独立经济实体，他们的目标是最大化自身的利润，当他们的自身利益得不到保证时，他们往往表现出一定程度的不合作行为。因此，在库存协调的策略中，数量折扣也许是协调分散供应链库存决策的最可行的手段之一。需要指出的是，有的学者认为价格折扣也是供应链库存协调的一种调节手段。价格折扣的采用往往是基于特定的条件（例如，采购者满足规定的订货数量、共同补货期的要求），它实际上是供应商（制造商）以折扣价格形式为采购者提供的某种补偿。严格来说，它是以数量折扣、共同补货期等作为库存调节手段的一种。当折扣系数小于1时，这种价格机制是一种价格折扣机制；当折扣系数大于1时，这种价格机制变为一种价格补贴机制。

第三节　单供应商两分销商 VMI 协调框架

根据单供应商两分销商 VMI 协调问题的特点及需求形式，拟从下面三个方面进行研究：

1. 确定性需求下基于 Shapley 值法库存的成本再分配

单供应商两分销商的 VMI 问题，可以看成一个三人合作的博弈问题，通过建立不同合作形式的库存成本模型，获得各种结盟下供应商与分销商的收益，进而利用 Shapley 值法对供应商与两分销商组成 VMI 联盟产生的收益进行分配，而后再根据供应商在实施 VMI 后额外承担的库存成本进行补偿，从而获得各方均满意的库存成本分担方案。

2. 动态需求下收益共享契约协调

考虑供应商的生产成本 c_0，分销商的销售价格为 w，分销商每销售一个产品，自己所得利益为 ρw，而余下的 $(1-\rho)w$ 则分配给供应商，供应商不再向分销商收取单位产品的批发价。通过考虑特殊形式的运输成本，分销商允许缺货但有服务水平约束，建立混合整数规划模型，分析收益共享系数的取值范围以及对供应商与分销商收益的影响。

3. 随机需求下价格补贴机制协调

考虑供应商的生产成本 c_0，分销商的销售价格为 w，VMI 实施前供应商向分销商收取单位产品的批发价为 c_1。VMI 实施后分销商与供应商通过协商确定新的购买价格为 $r_i c_1$（r_i 为价格因子），而此时供应商对分销商的补货方式有两种：一是基于共同补货期的时间协调策略；二是一般的集中化补货策略（两个分销商的补货时间不协调），通过建立库存成本模型，分析 VMI 实施后供应商选择何种补货策略以及如何确定价格因子 r_i，以使得供应商与分销商均有实施 VMI 的动力。

上述单供应商两分销商 VMI 协调问题的研究框架如图 3－2 所示：首先根据需求形式、供应商生产率是否有限、是否批对批补货以及包含运输成本与否等做出模型假设，然后分三种需求情况分别研究 VMI 实施前（无协调机制）、VMI 实施后（有协调机制）供应商与分销商的补货策略及库存总成本（所得收益），并对 VMI 实施前后供应商与分销商的库存总成本（所得收益）进行比较，用算例对比分析、验证所设计的协调机制的效果。

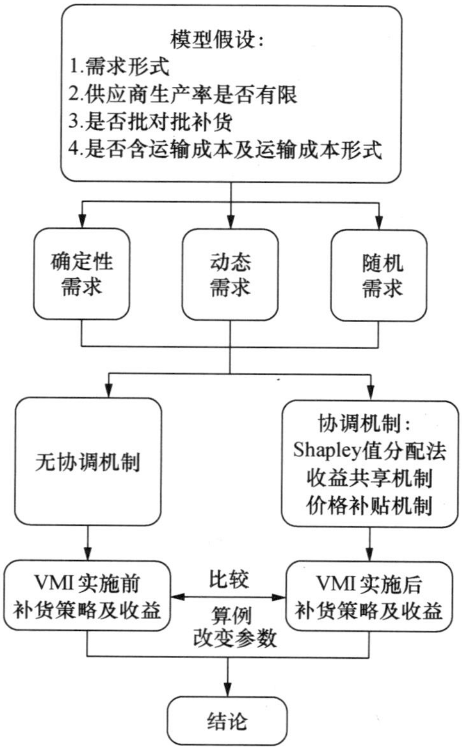

图 3-2 单供应商两分销商 VMI 协调框架

第四节 本章小结

本章主要分析了单供应商两分销商 VMI 协调的关键问题，阐述了单供应商两分销商 VMI 协调机制设计的要求，从三个方面介绍了单供应商两分销商 VMI 协调策略，并构建了单供应商两分销商 VMI 协调策略框架。

第四章　确定性需求下单供应商两分销商 VMI 协调策略

第一节　引言

现有的研究中，需求确定情况下一对多的 VMI 协调研究已取得了阶段性成果，但仍存在一些不足：龚晓薇、糜仲春（2009）的成本模型中假定供应商与客户之间的补货采用“批对批”（lot－for－lot）补货策略，这种假定虽然简化了建模过程，却给实际应用带来较大的局限；Xiubui Li、Qinan Wang（2009）建立利润模型时虽然假定供应商与客户之间的补货采用整数比补货策略，但作者假定所有买方采用共同的补给周期，对需求确定且不允许缺货的一对多 VMI 而言，这种补货策略下 VMI 系统获得的利润未必理想。

本章在上述研究的基础上，运用合作对策中的 Shapley 值法探讨单供应商（假定为制造商）两分销商的 VMI 供应链库存成本节约的合理分配，在此基础上提出各成员的成本分担策略（全春光，2011）。其中，建立成本模型时假定供应商采用整数比补货策略，尤其在建立 VMI 三方合作成本模型（文中情形二）时假定供应商对两个分销商采用补货周期时间协调方式，即供应商补货周期分别是两分销商补货周期的整数倍，以获得一个较低的系统总成本（全春光，2010）。这种补货策略结合了 York Y. Woo 等（2001）、Zhang 等（2007）和 Wang 等（2004）的研究成果，以弥补现有的 VMI 成本分担研究中成本建模方面的不足。另外，由于本章考虑的是两级 VMI 供应链，即供应商也拥有库存的形式，在分销商补货周期不相同时，供应商平均库存量的计算也是一个值得探讨的问题，本章采用了分解方法进行近似处理。

第二节　单供应商两分销商 VMI 补货策略研究

一、基本假设及符号说明

1. 基本假设

考虑由一个供应商（制造商）两个分销商构成的两级 VMI 供应链（见图 4－1）单一产品情形，作如下假设：

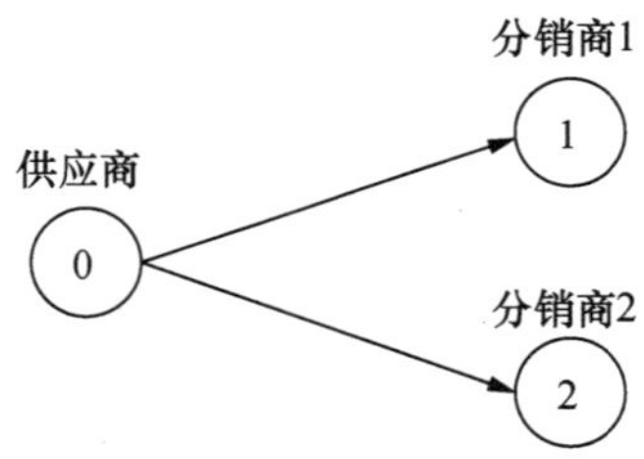

图 4－1　VMI 供应链结构

（1）分销商需求与补货提前期确定，不允许缺货。

（2）供应商的生产率一定，且足够大于两个分销商的需求率之和。

（3）总成本只考虑库存持有成本及订货（生产）准备成本，不考虑运输成本。

（4）供应商的补货策略只考虑两种：情形一——两个分销商补货时间与数量均不协调，此策略相当于两个独立的一对一 VMI 供应链；情形二——整数比补货周期时间协调策略，此策略下供应商补货周期分别是两分销商补货周期的整数倍。

（5）为了降低库存成本，供应商尽可能采用整数比补货策略，即供应商的补货批量为分销商补货批量的整数倍。

2. 符号说明

模型符号说明如下：

（1）节点 $i=0$，1，2 分别表示供应商及分销商 1、分销商 2；

（2）子系统 i 表示供应商与分销商 i 组成的系统，$i=1$，2；

（3）d_i 表示节点 i 的年需求量，$i=0$，1，2，且 $d_0=d_1+d_2$；

（4）p 表示供应商的生产率（年生产量）；

（5）h_i 表示节点 i 处单件产品的年库存持有成本，$i=0$，1，2；

（6）S_i 表示实施 VMI 前节点 i 每次的订单处理成本，$i=1$，2；

（7）S_p 表示供应商每次的生产准备成本；

（8）S_{0i}表示节点 0（供应商）处理节点 i 每一个订单的固定成本；

（9）T_i 表示节点 i 的补货周期，$i=0$，1，2；

（10）T_p 表示供应商每次生产时间；

（11）Q_i 表示节点 i 的补货批量，$i=0$，1，2；

（12）Q_{0i}表示节点 0 为应对节点 i 的需求而需要的补货批量，$i=1$，2；

（13）m_i 表示节点 i 补货批量的整数倍数，$i=1$，2；

（14）TC_i 表示节点 i 的总成本，$i=0$，1，2；

（15）TC_{0i}表示节点 0 为应对节点 i 的需求而产生的成本，$i=1$，2；

（16）TC 表示 VMI 供应链系统总成本；

（17）用上标 E、D 分别表示供应商的两种补货形式，即情形一和情形二。

二、模型构建及求解

根据本书的研究目的及问题的假定，分两种情况分别建模计算：

1. 两分销商补货时间与数量均不协调

根据假设（4），此情况下可将供应链分解成两个独立的子系统 i（$i=1$，2）。子系统 i 为供应商与分销商 i 组成的系统。下面先以子系统 1 为例计算供应商的补货策略及成本。

（1）子系统 1。VMI 实施后，供应商全权负责分销商 1 的库存补货决策，分销商 1 只负责销售。

第一，分销商的成本。此模式下分销商不发生库存有关的费用，因而其成本为 0：

$$TC_1^E=0 \tag{4-1}$$

第二，供应商的补货决策及成本。此模式下分销商的库存成本转移到供应商处，供应商从子系统 1 总库存成本最小的角度做出补货决策。当对分销商的补货批量为 Q_1^E 时，供应商自身的补货批量 Q_{01}^E 同样应满足下列条件，才会使其总库存成本最小。

$$Q_{01}^E=m_1^EQ_1^E \tag{4-2}$$

供应商的平均库存量变化如图 4－2 所示，其中 t 时刻折线 $t_{0p}ZB_{m_1^E}$ 与阶梯线 $t_{0p}t_1A_1B_1A_2B_2$，…，$A_{m_1^E-1}B_{m_1^E-1}A_{m_1^E}B_{m_1^E}$ 之间的垂直距离即为该时刻节点 0 的库存量。参考 Joglekar（1988）关于单制造商单买方、制造商以买方订货量 Q 的整数倍生产时，其平均库存量的计算公式，得到图4－2 情况下供应商的平均库存，即 $\frac{Q_1^E}{2}[(m_1^E-1)-(m_1^E-2)d_1/p]$。

根据供应商的成本＝处理分销商的订货成本及在分销商处的库存持有成本＋生产准备成本＋供应商的库存持有成本，得到供应商的成本：

$$TC_{01}^E=(S_{01}+S_1)\frac{d_1}{Q_1^E}+\frac{1}{2}Q_1^Eh_1+\frac{d_1}{Q_{01}^E}S_p+\frac{Q_1^E}{2}h_0[(m_1^E-1)-(m_1^E-2)d_1/p] \tag{4-3}$$

将式（4－2）代入式（4－3）并整理得：

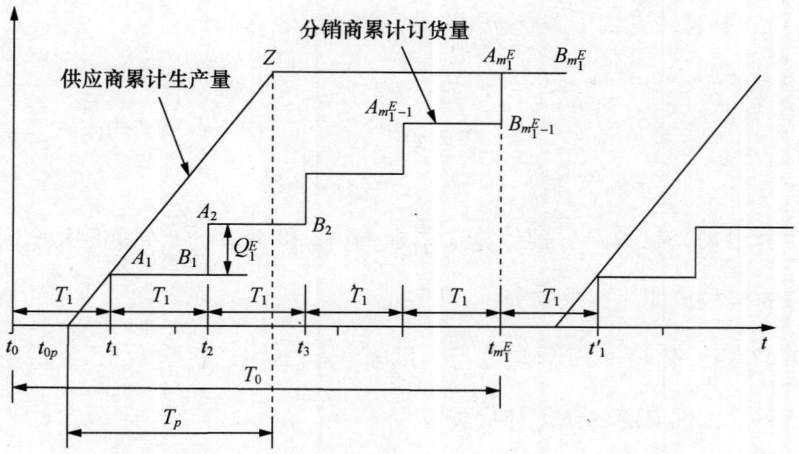

图 4-2 供应商的库存状态

$$TC_{01}^E(m_1^E, Q_1^E) = \left(S_{01} + S_1 + \frac{S_p}{m_1^E}\right)\frac{d_1}{Q_1^E} + \frac{1}{2}Q_1^E\{h_1 + h_0[(m_1^E - 1) - (m_1^E - 2)d_1/p]\} \tag{4-4}$$

接下来求供应商的最优补货决策。将 m_1^E、Q_1^E 看成连续变量，对式（4-4）求偏导，并令它们等于零，得到下列方程组：

$$\frac{\partial}{\partial m_1^E}TC_{01}^E(m_1^E, Q_1^E) = \frac{d_1}{(m_1^E)^2 Q_1^E}S_p - \frac{1}{2}Q_1^E h_0(1 - d/p) = 0 \tag{4-5}$$

$$\frac{\partial}{\partial Q_1^E}TC_{01}^E(m_1^E, Q_1^E) = (S_{01} + S_1 + \frac{S_p}{m_1^E})\frac{d_1}{(Q_1^E)^2} - \frac{1}{2}h_1 - \frac{1}{2}h_0[(m_1^E - 1) - (m_1^E - 2)d_1/p] = 0 \tag{4-6}$$

联立求解上述方程组，得：

$$m_1^E = \sqrt{\frac{S_p(2d_1h_0 - h_0p + h_1p)}{h_0(p - d_1)(S_{01} + S_1)}} \tag{4-7}$$

$$Q_1^E = \frac{1}{m_1^E}\sqrt{\frac{2d_1pS_p}{h_0(p - d_1)}} \tag{4-8}$$

如果式（4-7）计算出来的结果正好为整数，则它就是要求的结果；如果是小于 1 的数，则取 1（赵晓波，2008）。如果不是整数，可以找出与 m_1^E 相邻的两个整数，它们是按 m_1^E 向下取整 $\lfloor m_1^E \rfloor$ 和向上取整 $\lceil m_1^E \rceil$。将式（4-8）代入式（4-4），整理后有如下关于 m_1^E 的供应商成本表达式：

$$TC_{01}^E(m_1^E)=(S_{01}+S_1+\frac{S_p}{m_1^E})m_1^E\sqrt{\frac{h_0d_1(p-d_1)}{2pS_p}}+\frac{1}{m_1^E}\sqrt{\frac{d_1pS_p}{2h_0(p-d_1)}}\{h_1+h_0[(m_1^E-1)-(m_1^E-2)d_1/p]\} \quad (4-9)$$

然后利用式（4-9）分别计算 $TC_{01}^E(\lfloor m_1^E\rfloor)$ 和 $TC_{01}^E(\lceil m_1^E\rceil)$ 的大小，其中较小者对应的整数值即为要求的 m_1^{E*}，即：

如果 $TC_{01}^E(\lfloor m_1^E\rfloor)\leqslant TC_{01}^E(\lceil m_1^E\rceil)$，则 $m_1^{E*}=\lfloor m_1^E\rfloor$，否则 $m_1^{E*}=\lceil m_1^E\rceil$。

有了 m_1^{E*}，供应商的最优补货决策为：

$$Q_1^{E*}=\frac{1}{m_1^{E*}}\sqrt{\frac{2d_1pS_p}{h_0(p-d_1)}} \quad (4-10)$$

$$Q_{01}^{E*}=m_1^{E*}Q_1^{E*} \quad (4-11)$$

此决策下子系统1中供应商的最小成本为：

$$TC_{01}^E(m_1^{E*})=(S_{01}+S_1+\frac{S_p}{m_1^{E*}})m_1^{E*}\sqrt{\frac{h_0d_1(p-d_1)}{2pS_p}}+\frac{1}{m_1^{E*}}\sqrt{\frac{d_1pS_p}{2h_0(p-d_1)}}\{h_1+h_0[(m_1^{E*}-1)-(m_1^{E*}-2)d_1/p]\} \quad (4-12)$$

（2）子系统2。参考子系统1中的式（4-10）、式（4-11）及式（4-12），供应商的最优补货决策为：

$$Q_2^{E*}=\frac{1}{m_2^{E*}}\sqrt{\frac{2d_2pS_p}{h_0(p-d_2)}} \quad (4-13)$$

其中 m_2^{E*} 的计算方法可参考 m_1^{E*} 的计算。

$$Q_{02}^{E*}=m_2^{E*}Q_2^{E*} \quad (4-14)$$

此决策下子系统2中供应商的最小成本为：

$$TC_{02}^E(m_2^{E*})=(S_{02}+S_2+\frac{S_p}{m_2^{E*}})m_2^{E*}\sqrt{\frac{h_0d_2(p-d_2)}{2pS_p}}+\frac{1}{m_2^{E*}}\sqrt{\frac{d_2pS_p}{2h_0(p-d_2)}}\{h_2+h_0[(m_2^{E*}-1)-(m_2^{E*}-2)d_2/p]\} \quad (4-15)$$

（3）系统总成本。由于分销商库存成本为0，故系统总成本为两个独立的子系统中供应商成本之和，即：

$$TC^E = TC_{01}^E(m_1^{E*}) + TC_{02}^E(m_2^{E*})$$

$$= \sum_{i=1}^{2}(S_{0i} + S_i + \frac{S_p}{m_i^{E*}})m_i^{E*}\sqrt{\frac{h_0 d_i(p - d_i)}{2pS_p}} + \frac{1}{m_i^{E*}}\sqrt{\frac{d_i p S_p}{2h_0(p - d_i)}}$$

$$\{h_i + h_0[(m_i^{E*} - 1) - (m_i^{E*} - 2)d_i/p]\} \tag{4-16}$$

2. 供应商对两分销商采用整数比补货周期时间协调策略

根据假设（4），在节点 0 的一个补货周期 T_0^D 内，节点 1 正好有 m_1^D 次补货，节点 2 正好有 m_2^D 次补货，因而有下列关系：

$$T_0^D = m_1^D T_1^D = m_2^D T_2^D \tag{4-17}$$

$$Q_0^D = m_1^D Q_1^D + m_2^D Q_2^D \tag{4-18}$$

由式（4-17）、式（4-18）及 $Q_1^D = d_1 T_1^D$，$Q_2^D = d_2 T_2^D$，$Q_0^D = d_0 T_0^D$，$d_1 + d_2 = d_0$ 的关系，可得到：

$$Q_i^D = Q_0^D \frac{1}{m_i^D}\frac{d_i}{d_0},\ i = 1,\ 2 \tag{4-19}$$

下面分别计算长期运行下节点 1、节点 2 和节点 0 单位时间的总成本。

（1）长期运行下节点 1 和节点 2 单位时间的总成本。由于实施 VMI 后，节点 1 和节点 2 的订货成本及库存持有成本都转移到节点 0，即供应商处，因而长期运行下节点 1 和节点 2 单位时间的库存成本为 0，即：

$$TC_i^D = 0,\ i = 1,\ 2 \tag{4-20}$$

（2）节点 0 的总成本计算。先计算节点 0 的库存持有成本：

第一，节点 0 平均库存量的分解法处理。由于节点 0 每一次补货周期 T_0^D 中，每隔 T_i^D（$i = 1,\ 2$）时间，以 Q_i^D 批量对节点 i 补货，因而节点 0 的库存量变化呈现出一定程度的不规则性（见图 4-3），其中 t 时刻折线 $t_{0p}ZB_{m_1^D+m_2^D-1}$ 与阶梯线 $t_{0p}t_{21}A_1B_1A_2B_2, \cdots, A_{m_1^D+m_2^D-2}B_{m_1^D+m_2^D-2}A_{m_1^D+m_2^D-1}B_{m_1^D+m_2^D-1}$ 之间的垂直距离即为该时刻节点 0 的库存量。

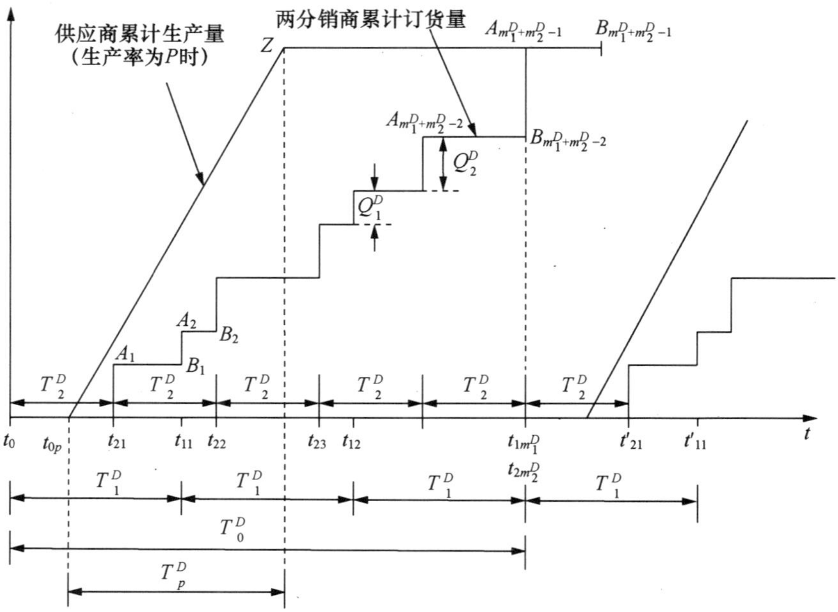

图 4-3　当供应商生产率为 *P* 时面对两分销商情况下库存状态

注：t_{ij}（$i=1$，2；$j=1$，…，max（m_1，m_2））表示每个 T_0^D 周期中，节点 i 的第 j 次补货时间；t'_{ij} 表示下一个周期中，节点 i 的第 j 次补货时间；t_{0p} 表示供应商生产起始时间。

为了计算节点 0 的平均库存量，此处采用分解方法，将节点 0 在每一个补货周期 T_0^D 的生产量分成两部分：一是以生产率 $p_1=pd_1/d_0$ 生产的量，用来满足节点 1 的需求；二是以生产率 $p_2=pd_2/d_0$ 生产的量，用来满足节点 2 的需求。$p_1+p_2=p$，两部分的生产起止时间相同。因此，节点 0 的平均库存就可以相应看作两部分之和，每一部分的库存量变化如图 4-4 和图 4-5 所示。

第二，节点 0 平均库存量的计算。通过上述分解法处理后，参考 Joglekar（1988）关于单制造商单客户、制造商以客户订货量 Q 的整数倍生产时其平均库存量的计算公式，得到图 4-4 和图 4-5 所示供应商的平均库存，即 $\frac{Q_i^D}{2}\left[(m_i^D-1)-(m_i^D-2)d_i/\left(\frac{d_ip}{d_0}\right)\right]$，$i=1$，2，化简为$\frac{Q_i^D}{2}[(m_i^D-1)-(m_i^D-2)d_0/p]$，$i=1$，2。

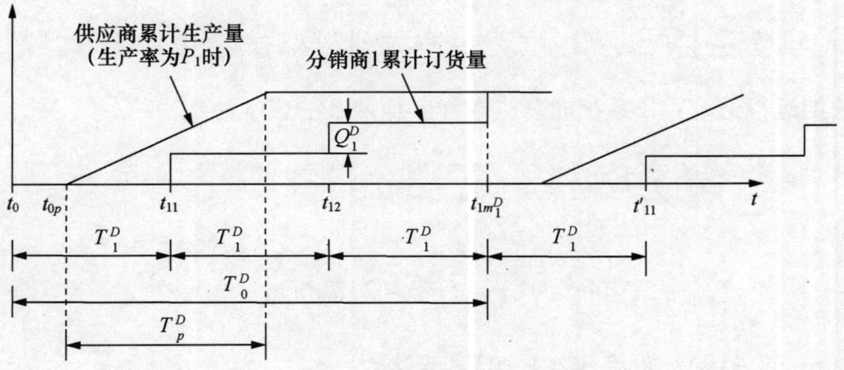

图 4－4　当供应商生产率为 P_1 时面对分销商 1 情况下库存状态

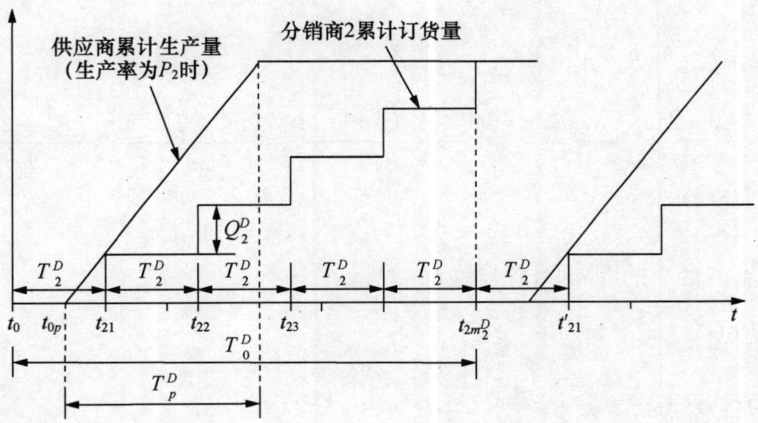

图 4－5　当供应商生产率为 P_2 时面对分销商 2 情况下库存状态

进一步得到节点 0 的平均库存持有成本，记 TC_{0h}：

$$TC_{oh}^{D} = \sum_{i=1}^{2}\left\{\frac{Q_i^D}{2}h_0[(m_i^D-1)-(m_i^D-2)d_0/p]\right\}, i=1,2 \tag{4-21}$$

由节点 0 的总成本 = 处理节点 i 的订货成本及在节点 i 处的库存持有成本 + 生产准备成本 + 自身的库存持有成本，得：

$$TC_{o}^{D} = \frac{d_0}{Q_0^D}S_p + \sum_{i=1}^{2}\left[(S_{0i}+S_i)\frac{d_i}{Q_i^D}+\frac{1}{2}Q_i^D h_i\right]$$

$$+\sum_{i=1}^{2}\left\{\frac{Q_i^D}{2}h_0\left[(m_i^D-1)-(m_i^D-2)d_0/p\right]\right\}, i=1,2 \tag{4-22}$$

长期运行下，VMI 系统的总成本（其他两节的成本为 0）：

$$TC^D=\frac{d_0}{Q_0^D}S_p+\sum_{i=1}^{2}\left[(S_{0i}+S_i)\frac{d_i}{Q_i^D}+\frac{1}{2}Q_i^Dh_i\right]$$

$$+\sum_{i=1}^{2}\left\{\frac{Q_i^D}{2}h_0\left[(m_i^D-1)-(m_i^D-2)d_0/p\right]\right\} \tag{4-23}$$

由式（4－19），可将式（4－23）表达为：

$$TC(Q_0^D,\ m_1^D,\ m_2^D)=\frac{d_0}{Q_0^D}S+\frac{1}{2}Q_0^DH \tag{4-24}$$

其中：

$$S=S_p+(S_{01}+S_1)m_1^D+(S_{02}+S_2)m_2^D \tag{4-25}$$

$$H=\frac{[(m_1^D-1)h_0+h_1]d_1}{m_1^Dd_0}+\frac{[(m_2^D-1)h_0+h_2]d_2}{m_2^Dd_0}-\frac{(m_1^D-2)d_1h_0}{m_1^Dp}-\frac{(m_2^D-2)d_2h_0}{m_2^Dp} \tag{4-26}$$

故总成本最小的 VMI 系统模型为：

$\min TC(Q_0^D,\ m_1^D,\ m_2^D)$

$$\text{s. t.}\begin{cases}TC(Q_0^D,\ m_1^D,\ m_2^D)=\dfrac{d_0}{Q_0^D}S+\dfrac{1}{2}Q_0^DH\\ S=S_p+(S_{01}+S_1)m_1^D+(S_{02}+S_2)m_2^D\\ H=\dfrac{[(m_1^D-1)h_0+h_1]d_1}{m_1^Dd_0}+\dfrac{[(m_2^D-1)h_0+h_2]d_2}{m_2^Dd_0}-\dfrac{(m_1^D-2)d_1h_0}{m_1^Dp}-\dfrac{(m_2^D-2)d_2h_0}{m_2^Dp}\\ Q_0^D>0\\ m_i^D>0\text{ 且为整数}\end{cases} \tag{4-27}$$

模型（4－27）可通过优化方法来求解，求得到 m_1^* 和 m_2^* 后，各节点的最优补货批量为：

$$Q_0^*(m_1^*, m_2^*) = \sqrt{\frac{2(S_p + (S_{01}+S_1)m_1^{D*} + (S_{02}+S_2)m_2^{D*})d_0}{\frac{[(m_1^{D*}-1)h_0+h_1]d_1}{m_1^{D*}d_0} + \frac{[(m_2^{D*}-1)h_0+h_2]d_2}{m_2^{D*}d_0} - \frac{(m_1^{D*}-2)d_1h_0}{m_1^{D*}p} - \frac{(m_2^{D*}-2)d_2h_0}{m_2^{D*}p}}} \quad (4-28)$$

$$Q_i^{D*} = Q_0^{D*}\frac{1}{m_i^{D*}}\frac{d_i}{d_0}, \ i=1, 2 \quad (4-29)$$

$(Q_0^{D*}, Q_1^{D*}, Q_2^{D*})$即为整数比时间协调方式下供应商的最优补货策略。

长期运行下，VMI 系统的总成本为：

$$TC(Q_0^{D*}, Q_1^{D*}, Q_2^{D*}) = \frac{d_0}{Q_0^{D*}}S + \frac{1}{2}Q_0^{D*}H \quad (4-30)$$

其中：

$$S = S_p + (S_{01}+S_1)m_1^{D*} + (S_{02}+S_2)m_2^{D*} \quad (4-31)$$

$$H = \frac{[(m_1^{D*}-1)h_0+h_1]d_1}{m_1^{D*}d_0} + \frac{[(m_2^{D*}-1)h_0+h_2]d_2}{m_2^{D*}d_0} - \frac{(m_1^{D*}-2)d_1h_0}{m_1^{D*}p} - \frac{(m_2^{D*}-2)d_2h_0}{m_2^{D*}p} \quad (4-32)$$

三、算例分析

假定一个供应商为两个分销商供货，相关参数为：$d_1=560$ 件/年，$d_2=4500$ 件/年，供应商生产率 $p=40000$ 件/年；单件物品的库存持有成本分别为：$h_0=3$ 元/件·年，$h_1=12$ 元/件·年，$h_2=10$ 元/件·年；分销商订货处理成本分别为：$S_1=240$ 元/次，$S_2=600$ 元/次；供应商的生产准备成本 $S_p=5500$ 元/次，供应商处理分销商每一个订单的固定成本分别为 $S_{01}=320$ 元/次，$S_{02}=1000$ 元/次［部分数据参考 Wang（2004）］。

为了研究两种补货策略的效果，将分别对 d_2、p、S_p、S_{02} 按表 4－1 至表 4－4 所示变化（每种参数变化时，其他参数按算例给出不变）时，比较两种补货策略的总成本。运用前述的方法，借助 Matlab 软件，求得两种情况下系统的参数如表 4－1 至表 4－4 所示：

表 4-1　不同 d_2 值两种补货策略效果

d_2	VMI 模式下不协调情形					VMI 模式下整数比补货周期时间协调						节约成本
	m_1^*	m_2^*	Q_1^*	Q_2^*	总成本	m_1^*	m_2^*	Q_0^*	Q_1^*	Q_2^*	总成本	
4500	6	3	241	1437	28670	2	3	4600	255	1364	25121	3549
4000	6	3	241	1346	27434	2	3	4352	267	1272	23933	3501
3500	6	3	241	1250	26114	2	3	4090	282	1175	22675	3439
3000	6	3	241	1149	24692	2	3	3811	300	1070	21337	3355
2500	6	3	241	1042	23141	3	3	3692	225	1005	19859	3282
2000	6	3	241	926	21419	3	3	3366	245	876	18225	3194
1500	6	3	241	797	19458	3	3	3006	272	730	16421	3037
1000	6	3	241	646	17123	3	2	2266	271	726	14291	2832
500	6	3	241	454	14070	4	2	1996	264	471	11617	2453

注：数量单位为件，成本单位为元，节约成本等于协调前后总成本之差（下表同）。

表 4-2　不同 p 值两种补货策略效果

p	VMI 模式下不协调情形					VMI 模式下整数比补货周期时间协调						节约成本
	m_1^*	m_2^*	Q_1^*	Q_2^*	总成本	m_1^*	m_2^*	Q_0^*	Q_1^*	Q_2^*	总成本	
40000	6	3	241	1437	28670	2	3	4600	255	1364	25121	3549
35000	6	3	241	1450	28638	2	3	4607	255	1366	25084	3553
30000	6	3	241	1469	28596	2	3	4616	255	1368	25035	3561
25000	6	3	242	1495	28543	2	3	4629	256	1372	24966	3577
20000	6	4	242	1154	28429	2	3	4649	257	1378	24861	3568
15000	6	4	243	1214	28097	3	4	5588	206	1242	24593	3504
10000	6	5	246	1095	27523	3	5	6434	237	1144	23877	3646
8500	6	5	247	1184	27050	3	5	6571	242	1169	23380	3670

注：p 不能太低，否则不满足假设条件（2）之“足够大于两个分销商的需求率之和”。

表 4－3 不同 S_p 值两种补货策略效果

S_p	VMI 模式下不协调情形					VMI 模式下整数比补货周期时间协调						节约成本
	m_1^*	m_2^*	Q_1^*	Q_2^*	总成本	m_1^*	m_2^*	Q_0^*	Q_1^*	Q_2^*	总成本	
5500	6	3	241	1437	28670	2	3	4600	255	1364	25121	3549
5000	6	3	229	1370	27938	2	3	4499	249	1334	24565	3372
4500	5	3	261	1300	27159	2	3	4394	243	1303	23996	3163
4000	5	3	246	1226	26400	2	3	4288	237	1271	23414	2987
3500	5	3	230	1147	25651	2	3	4178	231	1239	22816	2835
3000	4	2	266	1592	24651	2	2	3348	185	1489	22129	2521
2500	4	2	243	1454	23543	2	2	3231	179	1437	21360	2183
2000	3	2	290	1300	22423	2	2	3110	172	1383	20562	1860
1500	3	2	251	1126	21329	2	2	2985	165	1327	19732	1597
1000	2	1	308	1839	20104	1	1	1737	192	1545	18412	1691

表 4－4 不同 S_{02} 值两种补货策略效果

S_{02}	VMI 模式下不协调情形					VMI 模式下整数比补货周期时间协调						节约成本
	m_1^*	m_2^*	Q_1^*	Q_2^*	总成本	m_1^*	m_2^*	Q_0^*	Q_1^*	Q_2^*	总成本	
1000	6	3	241	1437	28670	2	3	4600	255	1364	25121	3549
900	6	3	229	1370	27609	2	3	4436	245	1315	24226	3384
800	5	3	261	1300	26467	2	3	4266	236	1265	23295	3172
700	5	3	246	1226	25299	2	3	4089	226	1212	22326	2973
600	5	3	230	1147	24081	2	3	3903	216	1157	21313	2768
500	4	3	266	1061	22755	2	3	3708	205	1099	20249	2506
400	4	3	243	969	21374	2	3	3503	194	1038	19127	2248
300	3	3	290	867	19894	2	4	3731	206	830	18228	1667
200	3	2	251	1126	18132	2	4	3472	192	772	16963	1169
100	2	2	308	919	16086	2	4	3192	177	710	15597	490

表 4－1 至表 4－4 显示，依照算例的参数，并改变 d_2、p、S_p、S_{02} 的参数，整数比补货周期时间协调下系统总成本低于不协调补货策略下系统总成本，因而整数比补货周期时间协调策略是供应商值得考虑的一种补货策略。

第三节　基于 Shapley 值法的单供应商两分销商 VMI 成本分担策略

一、基本假设及符号说明

VMI 供应链如图 4 - 1 所示，除了本章第二节第一部分中假设（1）至假设（3）、假设（5）之外，另作如下假设：

（1）实施 VMI 前供应链为分销商主导型。

（2）成本建模时只考虑三种情况：供应商与分销商均不实施 VMI、供应商只与一个分销商实施 VMI、供应商与两个分销商均实施 VMI。

（3）当任一分销商不合作时，两个分销商的补货时间即无法协同。

（4）在两个分销商均实施 VMI 的情况下，为了降低库存成本，供应商对两个分销商采用补货周期时间协调方式，即供应商补货周期分别是两分销商补货周期的整数倍。

模型符号说明如下：除了本章第二节第一部分中相同的符号之外，另用上标 A，B，C，D 分别表示供应链的四种结盟形式，即供应商与分销商均不实施 VMI、供应商只与分销商 1 实施 VMI、供应商只与分销商 2 实施 VMI、供应商与两个分销商均实施 VMI。

二、供应商与分销商成本模型

根据 Shapley 值计算联盟收益分配的特点和本问题的假定，如下面三种情况分别建模计算：

1. 供应商与分销商均不实施 VMI（结盟 A）

（1）分销商的补货策略及成本。由于供应链是分销商主导型，在 VMI 实施前分销商将采用经济订货批量订货，分销商的订货批量为：

$$Q_i^{A*}=\sqrt{2S_id_i/h_i},\ i=1,\ 2 \tag{4-33}$$

分销商的成本：

$$TC_i^A=\sqrt{2S_id_ih_i},\ i=1,\ 2 \tag{4-34}$$

（2）供应商的补货策略及成本。根据假设（3），此情况下一对二的供应链可以分解成两个独立的子系统。下面先计算子系统 i（$i=1$，2）中供应商的补货策略及成本。

当分销商 i 以订货量 Q_i^{A*} 订货时，供应商的经济生产批量满足如下关系时可使库存成本最小，即：

$$Q_{0i}^{A*}=m_i^AQ_i^{A*} \tag{4-35}$$

供应商的平均库存量变化见图 4-2，因此其平均库存为：$\frac{Q_i^{A*}}{2}[(m_i^A-1)-(m_i^A-2)d/p]$。供应商的成本：

$$TC_{0i}^A=\frac{d_i}{m_i^AQ_i^{A*}}S_p+\frac{d_i}{Q_i^{A*}}S_{0i}+\frac{Q_i^{A*}h_0}{2}[(m_i^A-1)-(m_i^A-2)d_i/p] \tag{4-36}$$

式（4-36）总可以找到一个可以接受的正整数 m_i^{A*}，使供应商在现有条件下总成本最小（m_i^{A*} 的详细求解可参考全春光、刘志学（2010）中 m^* 的求解）。

得到 m_i^{A*} 后，根据式（4-33）、式（4-35）和式（4-36）得到子系统 i 中供应商的最优补货策略及最小成本为：

$$Q_{0i}^{A*}=m_i^{A*}\sqrt{2S_id_i/h_i} \tag{4-37}$$

$$TC_{0i}^A(m_i^{A*})=\sqrt{\frac{d_ih_i}{2S_i}}(\frac{S_p}{m_i^{A*}}+S_{0i})+\sqrt{\frac{dS_i}{2h_i}}.h_0[(m_i^{A*}-1)-(m_i^{A*}-2)d_i/p] \tag{4-38}$$

因此，供应商的总成本为两个子系统中的成本之和，即：

$$\begin{aligned}TC_0^A(m_1^{A*},m_2^{A*})&=\sum_{i=1}^{2}TC_{0i}^A(m_i^{A*})\\&=\sum_{i=1}^{2}\left\{\sqrt{\frac{d_ih_i}{2S_i}}\left(\frac{S_p}{m_i^{A*}}+S_{0i}\right)+\sqrt{\frac{d_iS_i}{2h_i}}.h_0[(m_i^{A*}-1)-(m_i^{A*}-2)d_i/p]\right\}\end{aligned} \tag{4-39}$$

2. 供应商只与一个分销商实施 VMI（结盟 B 和 C）

我们以供应商只与分销商 1 实施 VMI（即结盟形式 B）为例建模，结盟形式 C 建模方法与此相同。

根据假设（3），此情况下可将供应链分解成两个独立的子系统。子系统 1 实施 VMI，子系统 2 则为分散独立决策情形。下面分别计算子系统 i（$i=1$，2）中分销商、供应商的补货策略及成本。

（1）子系统 1。VMI 实施后，供应商全权负责分销商 1 的库存补货决策，分销商 1 只负责销售。

第一，分销商的成本。此模式下分销商不发生与库存有关的费用，因而其成本为 0，即：

$$TC_1^B=0 \tag{4-40}$$

第二，供应商的补货决策及成本。此模式下分销商的库存成本转移到供应商处，供应商从子系统 1 总库存成本最小的角度做出补货决策。当对分销商的补货批量为 Q_1^B 时，供应商自身的补货批量 Q_{01}^B 同样应满足下列条件，才会使其总库存成本最小。

$$Q_{01}^B=m_1^B Q_1^B \tag{4-41}$$

接下来计算长期运行下供应商单位时间的总成本。根据供应商的成本 = 处理分销商的订货成本及在分销商处的库存持有成本 + 生产准备成本 + 供应商的库存持有成本，可得供应商的成本：

$$TC_{01}^B=(S_{01}+S_1)\frac{d_1}{Q_1^B}+\frac{1}{2}Q_1^B h_1+\frac{d_1}{Q_{01}^B}S_p+\frac{Q_1^B}{2}h_0[(m_1^B-1)-(m_1^B-2)d_1/p] \tag{4-42}$$

将式（4-41）代入式（4-42）并整理得：

$$TC_{01}^B(m_1^B,\ Q_1^B)=\left(S_{01}+S_1+\frac{S_p}{m_1^B}\right)\frac{d_1}{Q_1^B}+\frac{1}{2}Q_1^B\{h_1+h_0[(m_1^B-1)-(m_1^B-2)d_1/p]\} \tag{4-43}$$

在此基础上求供应商的最优补货决策。将 m_1^B、Q_1^B 看成连续变量，对式

(4－43)求偏导，并令它们等于零，求解得到：

$$m_1^B=\sqrt{\frac{S_p(2d_1h_0-h_0p+h_1p)}{h_0(p-d_1)(S_{01}+S_1)}} \tag{4-44}$$

$$Q_1^B=\frac{1}{m_1^B}\sqrt{\frac{2d_1pS_p}{h_0(p-d_1)}} \tag{4-45}$$

如果式（4－44）计算出来的结果正好为整数，则它就是要求的结果；如果是小于 1 的数，则取 1（赵晓波，2008）。如果不是整数，可以找出与 m_1^B 相邻的两个整数，它们是按 m_1^B 向下取整$\lfloor m_1^B\rfloor$和向上取整$\lceil m_1^B\rceil$。将式(4－45)代入式(4－43)，整理后有如下关于 m_1^B 的供应商成本表达式：

$$TC_{01}^B(m_1^B)=(S_{01}+S_1+\frac{S_p}{m_1^B})m_1^B\sqrt{\frac{h_0d_1(p-d_1)}{2pS_p}}+\frac{1}{m_1^B}\sqrt{\frac{d_1pS_p}{2h_0(p-d_1)}}$$

$$\{h_1+h_0[(m_1^B-1)-(m_1^B-2)d_1/p]\} \tag{4-46}$$

利用式（4－46）分别计算 $TC_{01}^B(\lfloor m_1^B\rfloor)$和 $TC_{01}^B(\lceil m_1^B\rceil)$的大小，其中较小者对应的整数值即为要求的 m_1^{B*}。

有了 m_1^{B*}，供应商的最优补货决策为：

$$Q_1^{B*}=\frac{1}{m_1^{B*}}\sqrt{\frac{2d_1pS_p}{h_0(p-d_1)}} \tag{4-47}$$

$$Q_{01}^{B*}=m_1^{B*}Q_1^{B*} \tag{4-48}$$

此决策下子系统 1 中供应商的最小成本为：

$$TC_{01}^B(m_1^{B*})=\left(S_{01}+S_1+\frac{S_p}{m_1^{B*}}\right)m_1^{B*}\sqrt{\frac{h_0d_1(p-d_1)}{2pS_p}}+\frac{1}{m_1^{B*}}$$

$$\sqrt{\frac{d_1pS_p}{2h_0(p-d_1)}}\{h_1+h_0[(m_1^{B*}-1)-(m_1^{B*}-2)d_1/p]\} \tag{4-49}$$

（2）子系统 2。参考情形一中的式（4－33）、式（4－34）、式（4－37）及式（4－38），有：

第一，分销商的补货策略及成本。

分销商的订货批量：

$$Q_2^{B*}=Q_2^{A*} \tag{4-50}$$

分销商的成本：

$$TC_2^B=TC_2^A \tag{4-51}$$

第二，供应商的补货策略及成本。

$$Q_{02}^{B*}=Q_{02}^{A*} \tag{4-52}$$

$$TC_{02}^B(m_2^{B*})=TC_{02}^A(m_2^{A*}) \tag{4-53}$$

式中，$m_2^{B*}=m_2^{A*}$

3. 供应商与两分销商实施 VMI（结盟 D）

根据假设 4，此情况与本章第二节第二部分中情形二：供应商对两分销商采用整数比补货周期时间协调策略的建模、求解方法一致，此处略。

三、VMI 成本分担的 Shapley 值法

单供应商两分销商的 VMI 供应链，可看成三人合作的联盟博弈问题。实施 VMI 后将发生库存成本的转移，联盟企业的成本分担问题可以转化为合作后的利益分配问题，从而可以利用 Shapley 值法来解决。

在用 Shapley 值法进行利益分配时，局中人集合 N 可以看成供应商、分销商 1 和分销商 2 三个单位的联盟体，表示为 $N=\{0, 1, 2\}$；S 为 N 中若干企业联盟的子集；S_i 为 N 中包含企业 i 的联盟的子集；$v(S)$ 为联盟子集产生的效益；$v(S \setminus i)$ 为子集 S 中除去企业 i 产生的效益。

通过将成本转化成效益，得到联盟 s 的效益 $\nu(s)$ 为：

$$\begin{aligned}
&v(\phi)=0\\
&v(0)=v(1)=v(2)=0\\
&v(0, 1)=TC_{01}^A(m_1^{A*})+TC_1^A-TC_{01}^B(m_1^{B*})\\
&v(0, 2)=TC_{02}^A(m_2^{A*})+TC_2^A-TC_{02}^C(m_2^{C*})\\
&v(1, 2)=0\\
&v(0,1,2)=\sum_1^2[TC_i^A+TC_{0i}^A(m_i^{A*})]-TC(Q_0^{D*},Q_1^{D*},Q_2^{D*})
\end{aligned} \tag{4-54}$$

再根据式（3－1），求得 $\varphi_0(v)$、$\varphi_1(v)$ 和 $\varphi_2(v)$，而各企业应分担的成本分别为：$TC_0^A(m_1^{A*}, m_2^{A*})-\varphi_1(v)$，$TC_1^A-\varphi_2(v)$ 和 $TC_2^A-\varphi_3(v)$。

四、算例分析

以本章第二节第三部分的算例为例，运用前述的方法，借助 Matlab 软件及适当的算法，求得四种情况下系统的参数如表 4－5 所示：

表 4－5 数值计算结果

	(m_1^*, m_2^*)	Q_0^*	Q_1^*	Q_2^*	TC_{01}	TC_{02}	TC_0	TC_1	TC_2	TC
情况一	（10，6）		150	735	5251	16752	22003	1796	7349	31148
情况二	（6，6）		240	735	6665	16752	23417	0	7349	30766
情况三	（10，3）		150	1437	5251	22005	27256	1796	0	29052
情况四	（2，3）	4600	255	1364		25121	0	0	25121	

注：数量单位为件，成本单位为元。

由表 4－5 可知，如两个分销商各自管理，则系统总成本为 31148 元；如果供应商和分销商 1 合作实施 VMI，则系统总费用降为 30766 元；如果供应商和分销商 2 合作实施 VMI，则系统总成本降为 29052 元；若三者合作实施 VMI，则系统总成本为 25121 元，达到最小。所以，应选择三方合作实施 VMI。

三个企业合作实施 VMI 时，节约了库存有关方面的成本，产生了效益，是一个多人合作对策问题，下面用 Shapley 值法来分配这个效益。

将数据代入式（4－54），有：

$v(\phi)=0$

$v(0)=v(1)=v(2)=0$

$v(0, 1)=5251+1796-6665=382$

$v(0, 2)=16752+7349-22005=2096$

$v(1, 2)=0$

$v(0, 1, 2)=31148-25121=6027$

三家企业合作实施 VMI 的效益为 6027 元。用 Shapley 值作为这个效益的分配，供应商应分的份额 $\varphi_0(v)$ 的计算结果列入表 4－6。

表 4－6　供应商分配 $\varphi_0(v)$ 的计算

S	{0}	{0, 1}	{0, 2}	{0, 1, 2}
$v(S)$	0	382	2096	6027
$v(S \setminus 1)$	0	0	0	0
$v(S)-v(S \setminus 1)$	0	382	2096	6027
$\vert s \vert$	1	2	2	3
$w(\vert s \vert)$	1/3	1/6	1/6	1/3
$w(\vert s \vert)*[v(S)-v(S \setminus 1)]$	0	63.7	349.3	2009

将表 4－6 的末行数据相加，得到供应商分配 $\varphi_0(v)=2422$，同理可得分销商 1 的收益 $\varphi_1(v)=1374$，$\varphi_2(v)=2231$。

最后，在供应商管理库存总成本 25121 中，各企业分担的成本分别为：

供应商：22003－2422＝19581

分销商 1：1796－1374＝422

分销商 2：7349－2231＝5118

进一步，将 VMI 实施前后各企业成本变化汇总见表 4－7。由表中可以看出，VMI 实施后，虽然总成本降低了，但如不进行成本的重新分担，供应商的成本将增加，而两个分销商的成本将减少。通过 Shapley 值法对成本重新分配后，三方的成本均有所下降。这不是一种简单的平均分配法，每一方成本的下降程度与其对联盟的边际贡献有关，因而是一种能使联盟各方均满意的、使联盟维持稳定的分配方法。

表 4-7 VMI 实施前后各企业成本情况变化汇总

	VMI 实施前	VMI 实施后		实施 Shapley 分配后	
	成本水平	成本水平	成本变化	成本水平	成本变化
供应商	22003	25121	+3118	19581	-2422
分销商 1	1796	0	-1796	422	-1374
分销商 2	7349	0	-7349	5118	-2231
合计	31148	25121	-6027	25121	-6027

注：成本变化是相对 VMI 实施前而言的。

第四节 本章小结

结合 York Y. Woo 等（2001）、Zhang 等（2007）和 Wang 等（2004）的补货策略方法，本章将合作博弈的 Shapley 值法用于单供应商两分销商的 VMI 供应链合作成本分担问题，主要完成了以下工作：

（1）研究了确定性需求下单供应商两分销商 VMI 的两种补货策略：①两个分销商补货时间与数量均不协调；②整数比补货周期时间协调策略。在建模过程中既考虑了供应商自身库存补充率有限的情形，同时供应商与分销商之间的补货采用非 lot-for-lot 方式。用算例验证了整数比补货周期时间协调策略在成本节约方面的优势，并对参数进行了敏感性分析。

（2）建立了供应商与分销商不同合作形式下各方的库存成本模型。模型中考虑了供应商采用整数比补货策略；在两个分销商均实施 VMI 的情况下，模型考虑了供应商对两个分销商采用补货周期时间协调的方式。现有的关于 VMI 成本分担或利益协调的研究中均没有考虑此种情形。

（3）在上述库存成本模型的基础上，运用 Shapley 值法对此 VMI 供应链中供应商与两个分销商因合作而产生的额外利益（库存成本的节约）进行了分配，然后在此基础上对 VMI 实施后库存成本的分担进行了重新分配设计。

（4）用算例验证了建模与成本分担方案。研究结果显示，VMI 实施后，虽然总成本降低了，但如不进行成本的重新分担，供应商的成本将增加，而两个分销商的成本将减少。通过 Shapley 值法对成本重新分配后，供应商与两分销商的成本均有所下降，从而获得了一个 VMI 实施各方均满意的、稳定的分配方案。

本章研究的 VMI 供应链针对需求和提前期确定的情况，并且没有考虑运输成本。当需求服从动态分布或随机分布时，VMI 供应链的成本分担或利益协调有待进一步研究。

第五章　动态需求下单供应商两分销商 VMI 协调策略

第一节　引言

目前关于动态需求下一对多的研究文献中，多研究供应商的补货发货策略，如 Lee 等（2003）、Jaruphongsa W. 等（2005）和鲁奎等（2008），但是均未涉及利益的协调且非 VMI 环境，而且这些研究多为单级库存决策且运输成本或为简单线性函数。本书在上述补货发货决策的基础上，考虑了一种分段的运输成本函数以及带服务水平约束的单供应商两分销商两级 VMI 供应链。在模型的处理上也与其他方法不同，通过对模型的转换，采用混合整数规划（Mixed Integer Programming，MIP）方法求解，避免了用动态规划方法（Dynamic Programming，DP）求解过程中补货发货规则的推导（全春光，2011）。

本章的协调问题为：VMI 实施前两个分销商独立订货，此情况下两分销商分别从各自利益最大化的角度出发，确定最优的补货决策，然后供应商根据分销商的补货决策再做自身的最优补货决策。此情况下，供应商的生产成本为 c_0，分销商给供应商支付的购买价格为 c_1，分销商的销售价格为 w；VMI 实施后，由供应商管理分销商的库存并承担相应的库存成本，分销商只负责销售，不承担库存有关的成本，那么 VMI 实施后导致了库存有关成本转移，供应商与两分销商的利益如何重新分配，才不影响双方实施 VMI 的积极性，即为本章要解决的问题。本章提出收益分享契约的协调机制，即分销商每销售一个价格为 w 的产品，自己所得利益为 ρw，而余下的（$1-\rho$）w 则分配给供应商，在供应商主导协调机制设计的情况下，设计了参数 ρ 的取值。由于考虑缺货发生损失情形，本章与第四章采用成本建模不同，采用收益建模。

第二节　基本假设及符号说明

一、基本假设

供应链结构同图 4－1，另作如下假设：

（1）分销商面临的需求为已知确定性动态需求，两分销商补货提前期确定，因其在确定性需求下对补货决策没有实质影响，为处理方便，假定为零。

（2）供应商的生产率很大，补货提前期很小（假定为零）。

（3）供应商处不允许缺货，而分销商处允许缺货，缺货则销售损失。

（4）分销商处的库存服务水平必须大于一定数值 p_0。

（5）分销商位于相同区域，而供应商与分销商的距离比较远，这样分销商补货周期相同的时候可能因为共同运输而节约运输成本。

（6）假定供应商与分销商的利润等于总收入—总成本，总成本包括供应商处库存持有成本及自身补货准备成本、供应商对分销商的订货成本、供应商到分销商的运输成本、分销商处库存持有成本、订货准备成本及缺货成本；运输成本的结构如第五章所述。不考虑除库存成本以外的其他成本。

（7）供应商与分销商均采用周期补货策略，补货周期均相同。具体有两种情况：①实施 VMI 前两分销商独立采用周期补货策略（简称情况 U）；②实施 VMI 后供应商对分销商采用协同补货策略，但未进行利益协调（简称情况 C）；③实施 VMI 后供应商对分销商采用协同补货策略，且供应商与分销商运用收益分享契约进行利益协调（简称情况 S）。

（8）供应商与分销商的补货发货均在期初进行，供应商与分销商计划期初、期末库存为零。

（9）VMI 实施后供应商主导协调机制的设计，库存有关的参数对供应商是完全信息。

二、符号说明

模型符号说明如下：

（1）节点 $i=0$，1，2 分别表示供应商及分销商 1、分销商 2。

（2）T：计划期长度，共有 N 个周期。

（3）t：第 t 个周期，$1\leqslant t\leqslant N$。

（4）d_{it}表示节点 i 第 t 个周期的需求量，d_i 表示节点 i 计划期总需求量，$i=1$，2。

（5）h_i、S_i、S_{0i}含义同前。

（6）S_p 表示供应商每次的固定补货成本。

（7）x_t 表示供应商第 t 个周期初补货批量；y_{it}表示分销商 i（$i=1$，2）第 t 个周期初补货批量；y_i 表示分销商 i（$i=1$，2）计划期补货数量之和，即 $y_i=\sum_{t=1}^{N}y_{it}$ 。

（8）I_{it}（或 $I_{i,t}$，后面对类似表达不做严格区分）表示节点 i 第 t 个周期末库存水平，$i=0$，1，2。

（9）θ_{it}表示分销商 i 第 t 个周期的缺货量，$i=1$，2。

（10）TC_i、TS_i、π_i 分别表示节点 i 的总成本、总收入及总利润，$i=0$，1，2。

（11）TC、π分别表示 VMI 供应链系统总成本、总利润。

（12）ρ_i 收益分享系数，即分销商每销售一个产品，自己获得销售收入的 ρ_i，

另外 $1-\rho_i$ 部分给供应商。

（13）c_0 表示供应商的生产成本，c_1 表示供应商的批发价（也即分销商的采购价格），w 表示分销商的销售价格，且 $c_0 < c_1 < w$。

（14）$F(y)$ 表示运输成本函数（y 为运输数量），其曲线如图 5-1 实线所示。

（15）G_k 表示单位产品的运输成本，是运输数量的函数；G_0 表示满载时的运输单价；G_1 表示非满载时的运输单价。

（16）$\xi(\varphi)$ 表示单位阶跃函数（Heaviside Function），$\xi(\varphi)=\begin{cases}1 & \varphi>0\\0 & \varphi\leqslant 0\end{cases}$。

（17）参数右上标 U 表示 VMI 实施前两分销商独立补货情形，C 表示 VMI 实施后未进行利益协调的情形，S 表示 VMI 实施后采用收益分享机制协调的情形，* 表示最优策略下的对应参数。

第三节　补货模型构建及收益分享机制设计

一、VMI 实施前的补货模型构建及求解

1. VMI 实施前的模型构建

VMI 实施前，两分销商独立决策，分别从各自利益最大化的角度出发，确定最优的补货数量 y_{it}，然后供应商根据分销商的补货决策再做自身的最优补货决策。

（1）两分销商的补货模型构建。先确定运输成本函数 $F(y)$，参考 Russell 和 Krajewski（1991）、Pamela S. Donovan（2006）的研究，运输单价与运输数量 y 的关系用式（5-1）表示：

$$G_k(y)=\begin{cases}\dfrac{k}{2}\left(\dfrac{Q_l}{y}\right)G_0 & k=2,\ 4,\ 6,\ \cdots\\[2ex]\dfrac{k-1}{2}\left(\dfrac{Q_l}{y}\right)(G_0-G_1)+G_1 & k=1,\ 3,\ 5,\ 7,\ \cdots\end{cases}\tag{5-1}$$

当 $Q_l = 1000$，装载率 60% 以上的价格与满载一车的价格相同时，运输单价如表 5－1 所示：

表 5－1　运输单价表

运输数量（件）	运输单价（元/件）
1～600	$G_1 = G_1$
601～1000	$G_2 = \left(\frac{Q_l}{y}\right)G_0$
1001～1600	$G_3 = \frac{Q_l}{y}(G_0 - G_1) + G_1$
1601～2000	$G_4 = 2\left(\frac{Q_l}{y}\right)G_0$
2001～2600	$G_5 = 2\frac{Q_l}{y}(G_0 - G_1) + G_1$
2601～3000	$G_6 = 3\left(\frac{Q_l}{y}\right)G_0$
…	…

在表 5－1 运输价格下，运输数量与运输单价及总运输成本的关系如图 5－1 所示。VMI 实施前，分销商的库存成本由购置成本、订货成本、存储成本及运输成本组成：

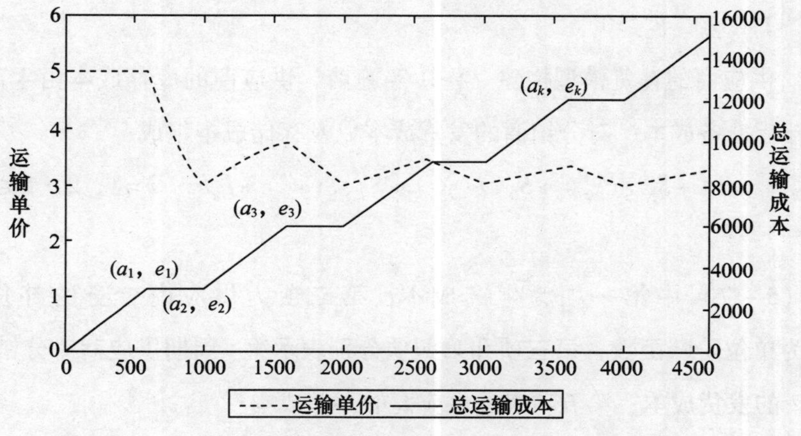

图 5－1　运输批量与运输单价及运输总成本关系图

$$TC_{it}^{u}=c_1.y_{it}^{U}+S_i.\xi(y_{it}^{U})+I_{it}^{U}h_i+F(y_{it}^{U})\quad i=1,\ 2;\ 1\leqslant t\leqslant N \tag{5-2}$$

式（5－2）中第一项为购置成本；第二项为订货成本，$\xi(y_{it}^{U})$为单位阶跃函数函数，即当$y_{it}^{U}>0$（有订货）时输出值为1，此时发生订货成本S_i，否则$\xi(y_{it}^{U})$输出值为0；第三项表示第t周期的存储成本；第四项表示运输成本，为分段线性函数，$F(y_{it}^{U})=G_k(y_{it}^{U}).y_{it}^{U}$。

由于分销商的实际销售数量为需求量－缺货数量，或补货量，故其总收入为：

$$TS_i^{U}=w.\sum_{t=1}^{N}(d_{it}-\theta_{it}^{U})=w.\sum_{t=1}^{N}y_{it}^{U}\quad i=1,2 \tag{5-3}$$

库存水平I_{it}满足下面递推公式：

$$I_{it}^{U}=I_{i,t-1}^{U}+y_{it}^{U}+\theta_{it}^{U}-d_{it}\quad i=1,\ 2;\ 1\leqslant t\leqslant N \tag{5-4}$$

又根据服务水平约束：

$$\theta_{it}^{U}\leqslant(1-p_0)d_{it}\quad i=1,\ 2;\ 1\leqslant t\leqslant N \tag{5-5}$$

因此，VMI 实施前分销商 i 的最优补货模型为：

$$\pi_i^{U}=\max(TS_i^{U}-\sum_{t=1}^{N}TC_{it}^{u})=\max\sum_{t=1}^{N}[(w-c_1)y_{it}^{U}-S_i.\xi(y_{it}^{U})-I_{it}^{U}h_i-F(y_{it}^{U})]$$

$$\text{s.t.}\begin{cases}I_{it}^{U}=I_{i,t-1}^{U}+y_{it}^{U}+\theta_{it}^{U}-d_{it}\\ \theta_{it}^{U}\leqslant(1-p_0)d_{it}\\ I_{i,0}^{U}=I_{i,N}^{U}=0\\ I_{it}^{U},\ y_{it}^{U},\ \theta_{it}^{U}\geqslant 0\end{cases}\quad i=1,\ 2;\ 1\leqslant t\leqslant N \tag{5-6}$$

（2）供应商的补货模型构建。VMI 实施前，供应商的库存成本由生产成本、自身的补货准备成本、对分销商的发货成本以及存储成本组成：

$$TC_{0t}^{u}=c_0.x_t^{U}+S_p.\xi(x_t^{U})+S_{01}.\xi(y_{1t}^{U})+S_{02}.\xi(y_{2t}^{U})+I_{0t}^{U}h_0\quad i=1,\ 2;\ 1\leqslant t\leqslant N \tag{5-7}$$

式（5－7）中第一项为生产成本；第二项为供应商自身的补货成本，$\xi(x_t^{U})$为单位阶跃函数；第三项和第四项分别表示第 t 周期供应商对分销商 1 和人销商 2 的发货成本；第五项表示供应商的存储成本。

供应商的总收入为：

$$TS_0^U = c_1 \sum_{t=1}^{N} (y_{1t}^U + y_{2t}^U) = c_1 \sum_{t=1}^{N} x_t^U \tag{5-8}$$

库存水平 I_{0t} 满足下面递推公式：

$$I_{0t}^U = I_{0,t-1}^U + x_t^U - y_{1t}^U - y_{2t}^U \quad i=1,\ 2;\ 1 \leqslant t \leqslant N \tag{5-9}$$

因而 VMI 实施前供应商的最优补货模型为：

$$\pi_0^U = \max \sum_{t=1}^{N} \left((c_1 - c_0) x_t^U - S_p.\ \xi(x_t^U) - S_{01}.\ \xi(y_{1t}^U) - S_{02}.\ \xi(y_{2t}^U) - I_{0t}^U h_0 \right)$$

$$\text{s. t.} \begin{cases} I_{0t}^U = I_{0,t-1}^U + x_t^U - y_{1t}^U - y_{2t}^U \\ I_{0,0}^U = I_{0,N}^U = 0 & 1 \leqslant t \leqslant N \\ I_{0t}^U,\ x_t^U \geqslant 0 \end{cases} \tag{5-10}$$

给定分销商的补货决策 y_{1t}^U 和 y_{2t}^U，即可解出模型（5－10）。

2. VMI 实施前的模型求解

（1）两分销商补货模型求解。式（5－6）中，要求的变量为：I_{it}^U，y_{it}^U，θ_{it}^U。由于目标函数和约束条件均为它们的线性组合，且隐含了整数变量的求解，我们用混合整数规划的方法来求解。但是，在用 MIP 方法求解前，需要对目标函数中的 $F(y_{it}^U)$ 及 $\xi(y_{it}^U)$ 进行转换处理：

第一，$F(y_{it}^U)$ 的转换处理。设分段函数 $F(y_{it}^U)$ 转折点的坐标为 $(a_1,\ e_1)$，$(a_2,\ e_2)$，…，$(a_k,\ e_k)$（见图 5－1），其中 a_k 表示运输数量，e_k 表示其运输成本。对于任一运输数量 y_{it}^U，其对应的运输成本可用转折点的凸组合来表示：

$$y_{it}^U = 0\lambda_{0t}^U + a_1\lambda_{1t}^U + a_2\lambda_{2t}^U + \cdots + a_k\lambda_{kt}^U$$

$$F(y_{it}^U) = 0\lambda_{0t}^U + e_1\lambda_{1t}^U + e_2\lambda_{2t}^U + \cdots + e_k\lambda_{kt}^U$$

$$\lambda_{0t}^U + \lambda_{1t}^U + \lambda_{2t}^U + \cdots + \lambda_{kt}^U = 1,\ \lambda_{kt}^U \geqslant 0 \tag{5-11}$$

且有：

$$\lambda_{0t}^U \leqslant \delta_{1t}^U$$

$$\lambda_{1t}^U \leqslant \delta_{1t}^U + \delta_{2t}^U$$

$$\lambda_{2t}^U \leqslant \delta_{2t}^U + \delta_{3t}^U$$

……

$\lambda_{k-1,t}^{U} \leqslant \delta_{k-1,t}^{U} + \delta_{kt}^{U}$

$\lambda_{kt}^{U} \leqslant \delta_{kt}^{U}$

$\delta_{1t}^{U} + \delta_{2t}^{U} + \cdots + \delta_{kt}^{U} = 1$，$\delta_{kt}^{U} = 0$ 或 1

式（5－11）保证了至多两个相邻的 λ_{kt}^{U} 取非零值，即 y_{it}^{U} 或 $F(y_{it}^{U})$ 只能落在一个分段区间内。

第二，$\xi(y_{it}^{U})$ 的转换处理。$\xi(y_{it}^{U})$ 虽然只能取 0 和 1 两个值，但它与 y_{it}^{U} 有关联，即

$$\xi(y_{it}^{U}) = \begin{cases} 1 & y_{it}^{U} > 0 \\ 0 & y_{it}^{U} \leqslant 0 \end{cases} \tag{5-12}$$

式（5－12）可以转换为：

$$0 \leqslant y_{it}^{U} \leqslant d_{i}.\ \xi_{it}^{U}，\ \xi_{it}^{U} = 0 \text{ 或 } 1 \tag{5-13}$$

将 $F(y_{it}^{U})$ 及 $\xi(y_{it}^{U})$ 进行上述的转换处理后，式（5－6）即化为：

$$\pi_{i}^{U} = \max \sum_{t=1}^{N} \left[(w - c_{1}) y_{it}^{U} - S_{i}.\ \xi_{it}^{U} - I_{it}^{U} h_{i} - F(y_{it}^{U}) \right]$$

$$\text{s.t.} \begin{cases} I_{it}^{U} = I_{i,t-1}^{U} + y_{it}^{U} + \theta_{it}^{U} - d_{it} \\ \theta_{it}^{U} \leqslant (1 - p_{0}) d_{it} \\ I_{i,0}^{U} = I_{i,N}^{U} = 0 \\ y_{it}^{U} = 0\lambda_{0t}^{U} + a_{1}\lambda_{1t}^{U} + a_{2}\lambda_{2t}^{U} + \cdots + a_{k}\lambda_{kt}^{U} \\ F(y_{it}^{U}) = 0\lambda_{0t}^{U} + e_{1}\lambda_{1t}^{U} + e_{2}\lambda_{2t}^{U} + \cdots + e_{k}\lambda_{kt}^{U} \\ \lambda_{0t}^{U} + \lambda_{1t}^{U} + \lambda_{2t}^{U} + \cdots + \lambda_{kt}^{U} = 1 \\ \lambda_{0t}^{U} \leqslant \delta_{1t}^{U} \\ \lambda_{1t}^{U} \leqslant \delta_{1t}^{U} + \delta_{2t}^{U} \\ \lambda_{2t}^{U} \leqslant \delta_{2t}^{U} + \delta_{3t}^{U} \\ \cdots\cdots \\ \lambda_{k-1,t}^{U} \leqslant \delta_{k-1,t}^{U} + \delta_{kt}^{U} \\ \lambda_{kt}^{U} \leqslant \delta_{kt}^{U} \\ \delta_{1t}^{U} + \delta_{2t}^{U} + \cdots + \delta_{kt}^{U} = 1 \\ y_{it}^{U} \leqslant d_{i}.\ \xi_{it}^{U} \\ \delta_{kt}^{U},\ \xi_{it}^{U} = 0 \text{ 或 } 1 \\ I_{it}^{U},\ y_{it}^{U},\ \theta_{it}^{U},\ \lambda_{kt}^{U} \geqslant 0 \end{cases} \quad i = 1, 2,\ 1 \leqslant t \leqslant N,\ 1 \leqslant k \leqslant K \tag{5-14}$$

由于分销商的在计划期间的需求总量是一个有限的数量，故分段函数 $F(y_{it}^U)$也是在一定区间内，故 k 的最大取值 K 只要使 $d_1+d_2 \leqslant a_K$（此处用 $d_1+d_2 \leqslant a_K$ 而不用 $d_1 \leqslant a_K$ 是为了后面也适应）即可，a_k，e_k（$1 \leqslant k \leqslant K$）的具体数值可通过运输成本函数（式（5－1））计算获得。

经过转换后，式（5－14）就可以利用Lingo软件编写的程序来求解，求解后最终可以得到 y_{it}^{U*}，θ_{it}^{U*}，λ_{kt}^{U*}，π_i^{U*}，ξ_{it}^{U*} 等参数值。

（2）供应商补货模型的求解。参考式（5－13）关于 $\xi(y_{it}^U)$的处理方法将 $\xi(x_t^U)$处理后，式(5－10)可转换为：

$$\pi_0^U = \max \sum_{t=1}^{N} [(c_1 - c_0)x_t^U - S_p \cdot \xi_{0t}^U - S_{01} \cdot \xi_{1t}^U - S_{02} \cdot \xi_{2t}^U - I_{0t}^U h_0]$$

$$\text{s.t.} \begin{cases} I_{0t}^U = I_{0,t-1}^U + x_t^U - y_{1t}^U - y_{2t}^U \\ x_t^U \leqslant (d_1 + d_2)\xi_{0t}^U \\ I_{0,0}^U = I_{0,N}^U = 0 \\ \xi_{0t}^U = 0 \text{ 或 } 1 \\ I_{0t}^U,\ x_t^U \geqslant 0 \end{cases} \quad 1 \leqslant t \leqslant N \qquad (5-15)$$

给定分销商的补货决策 y_{1t}^{U*}，y_{2t}^{U*}，ξ_{1t}^{U*}，ξ_{2t}^{U*}（由式（5－14）输出），即可利用Lingo软件编写的程序解出式（5－15），从而得到 x_t^{U*}，π_0^{U*} 等参数值。

二、VMI实施后未利益协调时补货模型构建及求解

VMI实施后，分销商的库存管理由供应商负责，因而供应商采用使两分销商的补货与供应商自身的补货协同，使自身利润最大化的策略。

1. VMI实施后未利益协调时补货模型构建

（1）VMI实施后分销商利润。VMI实施后，分销商收入为：

$$TS_i^C = w \sum_{t=1}^{N} (d_{it} - \theta_{it}^C) \qquad i = 1,2 \qquad (5-16)$$

其利润为：

$$\pi_i^C = (w - c_1)\sum_{t=1}^{N}(d_{it} - \theta_{it}^C) = (w - c_1)\sum_{t=1}^{N} y_{it}^C \qquad i = 1,2 \tag{5-17}$$

（2）VMI 实施后供应商利润。

一是供应商的总收入：

$$TS_0^C = c_1 \sum_{t=1}^{N}\sum_{i=1}^{2} y_{it}^C = c_1 \sum_{t=1}^{N} x_t^C \tag{5-18}$$

二是供应商的总库存成本：

处理节点 i 的订货成本、在节点 i 处的库存持有成本，记作 $TC_{0i,t}^C$：

$$TC_{0i,t}^C = (S_{0i} + S_i)\xi(y_{it}^C) + I_{it}^C h_i \qquad i = 1,\ 2 \tag{5-19}$$

生产成本、自身补货成本及库存持有成本，记作 TC_{0zt}^C：

$$TC_{0zt}^C = c_0 x_t^C + S_p \xi(x_t^C) + I_{0t}^C h_0 \tag{5-20}$$

供应商到分销商的运输成本，记作 TC_{0yt}^C：

$$TC_{0yt}^C = F(y_t^C) \tag{5-21}$$

式中，$y_t^C = y_{1t}^C + y_{2t}^C$

因此，供应商的总成本为最小化上述三项成本之和：

$$TC_0^C = \min \sum_{t=1}^{N}\left(\sum_{i=1}^{2} TC_{0i,t}^C + TC_{0zt}^C + TC_{0yt}^C\right),\text{即：}$$

$$TC_0^C = \min \sum_{t=1}^{N}\left\{\sum_{i=1}^{2}\left[(S_{0i} + S_i).\xi(y_{it}^C) + I_{it}^C h_i\right] + c_0 x_t^C + S_p.\xi(x_t^C) + I_{0t}^C h_0 + F(y_t^C)\right\} \tag{5-22}$$

三是供应商的总利润：

$$\pi_0^C = TS_0^C - TC_0^C$$

$$= \sum_{t=1}^{N}\left\{(c_1 - c_0)x_t^C - \sum_{i=1}^{2}\left[(S_{0i} + S_i).\xi(y_{it}^C) + I_{it}^C h_i\right] - S_p.\xi(x_t^C) - I_{0t}^C h_0 - F(y_t^C)\right\} \tag{5-23}$$

另根据库存水平递推公式及服务水平约束、变量非负约束等条件，可得使供应商总利润最大的 VMI 系统模型为：

$$\max \pi_0^C = \max \sum_{t=1}^{N}\left\{(c_1 - c_0)x_t^C - \sum_{i=1}^{2}\left[(S_{0i} + S_i).\xi(y_{it}^C) - I_{it}^C h_i\right] - S_p.\xi(x_t^C) - I_{0t}^C h_0 - F(y_t^C)\right\}$$

$$
\text{s.t.}\begin{cases}
I_{0t}^{C} = I_{0,t-1}^{C} + x_t^{C} - y_{1t}^{C} - y_{2t}^{C} \\
I_{it}^{C} = I_{i,t-1}^{C} + y_{it}^{C} + \theta_{it}^{C} - d_{it} \\
y_t^{C} = y_{1t}^{C} + y_{2t}^{C} \\
I_{i,0}^{C} = I_{i,N}^{C} = I_{0,0}^{C} = I_{0,N}^{C} = 0 \\
\theta_{it}^{C} \leqslant (1 - p_0) d_{it} \\
I_{0t}^{C}, x_t^{C}, y_{it}^{C}, \theta_{it}^{C} \geqslant 0
\end{cases}
\quad i = 1,2; 1 \leqslant t \leqslant N \tag{5-24}
$$

2. VMI 实施后供应商补货模型求解

参考前述式（5-6）的转换方法，将式（5-24）转换为式（5-25）：

$$
\max \pi_0^{C} = \max \sum_{t=1}^{N} \{ (c_1 - c_0) x_t^{C} - \sum_{i=1}^{2} [(S_{0i} + S_i).\xi_{it}^{C} + I_{it}^{C*} h_i] - S_p.\xi_{0t}^{C} - I_{0t}^{C} h_0 - F(y_t^{C}) \}
$$

$$
\text{s.t.}\begin{cases}
I_{0t}^{C} = I_{0,t-1}^{C} + x_t^{C} - y_{1t}^{C} - y_{2t}^{C} \\
I_{it}^{C} = I_{i,t-1}^{C} + y_{it}^{C} + \theta_{it}^{C} - d_{it} \\
y_t^{C} = y_{1t}^{C} + y_{2t}^{C} \\
I_{i,0}^{C} = I_{i,N}^{C} = I_{0,0}^{C} = I_{0,N}^{C} = 0 \\
\theta_{it}^{C} \leqslant (1 - p_0) d_{it} \\
y_t^{C} = 0\lambda_{0t}^{C} + a_1\lambda_{1t}^{C} + a_2\lambda_{2t}^{C} + \cdots + a_k\lambda_{kt}^{C} \\
F(y_t^{C}) = 0\lambda_{0t}^{C} + e_1\lambda_{1t}^{C} + e_2\lambda_{2t}^{C} + \cdots + e_k\lambda_{kt}^{C} \\
\lambda_{0t}^{C} + \lambda_{1t}^{C} + \lambda_{2t}^{C} + \cdots + \lambda_{kt}^{C} = 1 \\
\lambda_{0t}^{C} \leqslant \delta_{1t}^{C} \\
\lambda_{1t}^{C} \leqslant \delta_{1t}^{C} + \delta_{2t}^{C} \\
\lambda_{2t}^{C} \leqslant \delta_{2t}^{C} + \delta_{3t}^{C} \\
\cdots\cdots \\
\lambda_{k-1,t}^{C} \leqslant \delta_{k-1,t}^{C} + \delta_{kt}^{C} \\
\lambda_{kt}^{C} \leqslant \delta_{kt}^{C} \\
\delta_{1t}^{C} + \delta_{2t}^{C} + \cdots + \delta_{kt}^{C} = 1 \\
y_{it}^{C} \leqslant d_i.\xi_{it}^{C} \\
x_t^{C} \leqslant (d_1 + d_2).\xi_{0t}^{C} \\
\delta_{kt}^{C},\ \xi_{0t}^{C},\ \xi_{1t}^{C},\ \xi_{2t}^{C} = 0 \text{ 或 } 1 \\
I_{it}^{C},\ x_t^{C},\ y_{it}^{C},\ \theta_{it}^{C},\ \lambda_{kt}^{C} \geqslant 0
\end{cases}
\quad i = 1,\ 2,\ 1 \leqslant t \leqslant N,\ 1 \leqslant k \leqslant K \tag{5-25}
$$

利用 Lingo 软件程序求解式（5－25），可以得到 x_t^{C*}，y_{it}^{C*}，θ_{it}^{C*}，λ_{kt}^{C*}，π_0^{C*}，ξ_{0t}^{C*}，ξ_{it}^{C*} 等参数值。

三、VMI 实施后供应商主导的利益协调机制分析

1. VMI 实施前后未利益协调时供应商与分销商利润变化

（1）VMI 实施前后分销商利润变化。由前面分析可知，VMI 实施前分销商所得利润为：

$$\pi_i^{U*} = \sum_{t=1}^{N} [(w - c_1) y_{it}^{U*} - S_i . \xi_{it}^{U*} - I_{it}^{U*} h_i - F(y_{it}^{U*})] \tag{5-26}$$

VMI 实施后分销商所得利润为：

$$\pi_i^{C*} = (w - c_1) \sum_{t=1}^{N} y_{it}^{C*} \tag{5-27}$$

VMI 实施后分销商利润的增量：

$$\begin{aligned}\Delta_i = \pi_i^{C*} - \pi_i^{U*} &= \sum_{t=1}^{N} [(w - c_1)(y_{it}^{C*} - y_{it}^{U*}) + S_i . \xi_{it}^{U*} + I_{it}^{U*} h_i + F(y_{it}^{U*})] \\ &= (w - c_1) \sum_{t=1}^{N} (y_{it}^{C*} - y_{it}^{U*}) + \sum_{t=1}^{N} [S_i . \xi_{it}^{U*} + I_{it}^{U*} h_i + F(y_{it}^{U*})]\end{aligned} \tag{5-28}$$

由服务水平约束条件可知，$\sum_{t=1}^{N} (y_{it}^{C*} - y_{it}^{U*}) \geqslant -(1 - p_0) d_i (i = 1,2)$

因此，当式（5－29）成立时，总有 $\Delta_i > 0$，即不管供应商实施 VMI 后如何决策，分销商的利润均较实施 VMI 前增加。

$$\sum_{t=1}^{N} [S_i . \xi_{it}^{U*} + I_{it}^{U*} h_i + F(y_{it}^{U*})] > (1 - p_0)(w - c_1) d_i \qquad i = 1,2 \tag{5-29}$$

（2）VMI 实施前后供应商利润变化。由式（5－15）和式（5－25），VMI 实施前后供应商所得利润分别为：

$$\pi_0^{U*} = \sum_{t=1}^{N} ((c_1 - c_0) x_t^{U*} - S_p . \xi_{0t}^{U*} - S_{01} . \xi_{1t}^{U*} - S_{02} . \xi_{2t}^{U*} - I_{0t}^{U*} h_0) \tag{5-30}$$

$$\pi_0^{C*} = \sum_{t=1}^{N} \{(c_1 - c_0) x_t^{C*} - \sum_{i=1}^{2} [(S_{0i} + S_i) . \xi_{it}^{C*} + I_{it}^{C*} h_i] - S_p . \xi_{0t}^{C*} - I_{0t}^{C*} h_0 - F(y_t^{C*})\} \tag{5-31}$$

VMI 实施后供应商利润的增量：

$$\Delta_0 = \pi_0^{C*} - \pi_0^{U*}$$

$$= \sum_{t=1}^{N} \{ (c_1 - c_0)(x_t^{C*} - x_t^{U*}) - \sum_{i=1}^{2} [S_i \xi_{it}^{C*} + S_{0i}(\xi_{it}^{C*} - \xi_{it}^{U*}) + I_{it}^{C*} h_i]$$

$$- S_p(\xi_{0t}^{C*} - \xi_{0t}^{U*}) - (I_{0t}^{C*} - I_{0t}^{U*}) h_0 - F(y_t^{C*}) \} \quad (5-32)$$

由服务水平约束条件知，$\sum_{t=1}^{N}(x_t^{C*} - x_t^{U*}) \leqslant (1-p_0)(d_1+d_2)$

故当式（5－33）成立时，有 $\Delta_0 < 0$，此时供应商的利润较 VMI 实施前降低。

$$\sum_{t=1}^{N} \{ \sum_{i=1}^{2} [S_i \xi_{it}^{C*} + S_{0i}(\xi_{it}^{C*} - \xi_{it}^{U*}) + I_{it}^{C*} h_i] + S_p(\xi_{0t}^{C*} - \xi_{0t}^{U*})$$

$$+ (I_{0t}^{C*} - I_{0t}^{U*}) h_0 + F(y_t^{C*}) \} > (1-p_0)(c_1-c_0)(d_1+d_2) \quad (5-33)$$

结合式（5－29）和式（5－33）不难发现，存在 S_i、h_i、F（y），即当它们大到足够的数值，式（5－29）和式（5－33）即同时成立，此时，$\Delta_i > 0$ 而 $\Delta_0 < 0$，即 VMI 实施后分销商的利润增加而供应商的利润反而降低。因此如不对供应商与分销商的利益进行协调，势必影响 VMI 的实施。

2. 基于收益分享契约的 VMI 协调机制设计

在收益分享契约下，供应商将确定一个收益份额 ρ_i，即分销商 i 每销售出去一个价格为 w 的商品，分销商获得收益为 $\rho_i w$，供应商获得余下的（$1-\rho_i$）w，下面我们分析在此契约下 VMI 补货策略及供应商与分销商的收益。

（1）收益分享契约下供应商补货模型构建。首先计算分销商利润和供应商的总利润；然后建立供应商的补货模型。

第一，分销商利润。参考式（5－16）和式（5－17），得到收益分享契约下分销商的利润：

$$\pi_i^S = \rho_i \cdot w \sum_{t=1}^{N} (d_{it} - \theta_{it}^S) = \rho_i \cdot w \sum_{t=1}^{N} y_{it}^S \quad i = 1,2 \quad (5-34)$$

第二，供应商的总利润。参考式（5－23）的分析：

$$\pi_0^S = \sum_{t=1}^{N} \{ \sum_{i=1}^{2} [(1-\rho_i) w . y_{it}^S - (S_{0i} + S_i) . \xi(y_{it}^S) - I_{it}^S h_i]$$

$$- c_0 x_t^S - S_p . \xi(x_t^S) - I_{0t}^S h_0 - F(y_t^S) \} \quad (5-35)$$

第三，供应商的补货模型。由于协调机制的设计由供应商主导，因而供应商采用使两分销商的补货与供应商自身的补货协同起来，使供应链总利润最大化的策略，以便在协调机制的设计中己方能争取更多利润。

根据库存水平递推公式及服务水平约束、变量非负约束等条件，结合式（5－34）和式（5－35），可得使供应链总利润最大的VMI系统模型为：

$$\pi^S = \max(\pi_0^S + \pi_1^S + \pi_2^S)$$

$$\text{s. t.}\begin{cases}\pi_0^S = \sum_{t=1}^{N}\{\sum_{i=1}^{2}[(1-\rho_i)w.y_{it}^S - (S_{0i}+S_i).\xi(y_{it}^S) - I_{it}^S h_i] - c_0 x_t^S - S_p.\xi(x_t^S) - I_{0t}^S h_0 - F(y_t^S)\} \\ \pi_i^S = \rho_i.\ w\sum_{t=1}^{N} y_{it}^S \\ I_{0t}^S = I_{0,t-1}^S + x_t^S - y_{1t}^S - y_{2t}^S \qquad\qquad i = 1,2,1 \leqslant t \leqslant N \\ I_{it}^S = I_{i,t-1}^S + y_{it}^S + \theta_{it}^S - d_{it} \\ y_t^S = y_{1t}^S + y_{2t}^S \\ \theta_{it}^S \leqslant (1-p_0)d_{it} \\ I_{0t}^S, x_t^S, y_{it}^S, \theta_{it}^S \geqslant 0\end{cases} \tag{5-36}$$

（2）收益分享契约下供应商协调补货模型求解。参考前述模型式（5－6）的转换方法，将式（5－36）转换后，再利用Lingo软件进行求解，可以得到 x_t^{S*}，y_{it}^{S*}，θ_{it}^{S*}，π_0^{S*}，π_1^{S*}，π_2^{S*}，π^{S*} 等参数值。

（3）参数 ρ_i 的设计。欲使分销商参与实施VMI，必须满足其实施VMI后利润不小于实施VMI前的利润，有：$\pi_i^{S*} = \rho_i.\ w\sum_{t=1}^{N} y_{it}^{S*} \geqslant \pi_i^{U*}$，即：

$$\rho_i \geqslant \pi_i^{U*}/(w\sum_{t=1}^{N} y_{it}^{S*}) \qquad i = 1,2 \tag{5-37}$$

要使供应商参与实施VMI，也必须满足其实施VMI后利润不小于实施VMI前的利润：

$$\pi_0^{S*} = \sum_{t=1}^{N}\{\sum_{i=1}^{2}[(1-\rho_i)w.\ y_{it}^{S*} - (S_{0i}+S_i).\ \xi(y_{it}^{S*}) - I_{it}^{S*}h_i]$$

$$-c_0x_t^{S*}-S_p.\xi(x_t^{S*})-I_{0t}^{S*}h_0-F(y_t^{S*})\}\geqslant\pi_0^{U*} \tag{5-38}$$

令 $\psi=\sum_{t=1}^{N}\{\sum_{i=1}^{2}[(S_{0i}+S_i).\xi(y_{it}^{S*})+I_{it}^{S*}h_i]+c_0x_t^{S*}+S_p.\xi(x_t^{S*})+I_{0t}^{S*}h_0+F(y_t^{S*})\}$

式（5-38）简化为：

$$\rho_1\sum_{t=1}^{N}y_{1t}^{S*}+\rho_2\sum_{t=1}^{N}y_{2t}^{S*}\leqslant\sum_{t=1}^{N}(y_{1t}^{S*}+y_{2t}^{S*})-(\pi_0^{U*}+\psi)/w \tag{5-39}$$

并且根据 $y_i=\sum_{t=1}^{N}y_{it}$，得到参数 ρ_i 的设定范围为：

$$\begin{cases}\rho_1\geqslant\pi_1^{U*}/(wy_1^{S*}),\ \rho_2\geqslant\pi_2^{U*}/(wy_2^{S*})\\ \rho_1y_1^{S*}+\rho_2y_2^{S*}\leqslant y_1^{S*}+y_2^{S*}-(\pi_0^{U*}+\psi)/w\end{cases} \tag{5-40}$$

ρ_1，ρ_2 取值范围如图 5-2 中的阴影部分（三角形 *CDE* 区域）。

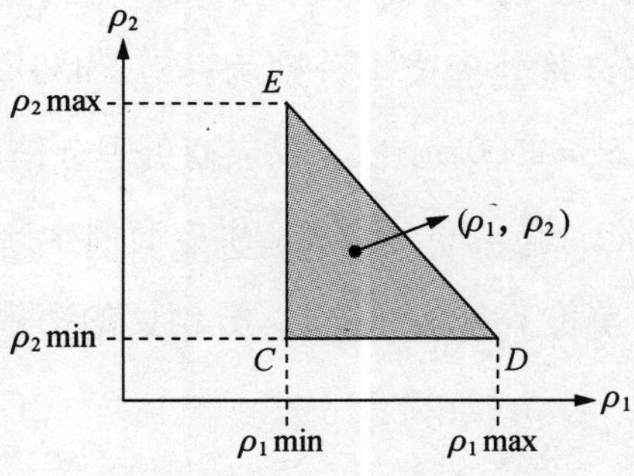

图 5-2 ρ_1，ρ_2 取值范围

其中，$\rho_1\min=\pi_1^{U*}/(wy_1^{S*})$，$\rho_2\min=\pi_2^{U*}/(wy_1^{S*})$

$\rho_1\max=[y_1^{S*}+y_2^{S*}-(\pi_0^{U*}+\psi)/w-\rho_2\min y_2^{S*}]/y_1^{S*}$

$\rho_2\max=[y_1^{S*}+y_2^{S*}-(\pi_0^{U*}+\psi)/w-\rho_1\min y_1^{S*}]/y_2^{S*}$

式（5-40）有解的必要条件是实施 VMI 后整个供应链能产生额外的利益，即：

$\pi_0^{S*}+\pi_1^{S*}+\pi_2^{S*}\geqslant\pi_0^{U*}+\pi_1^{U*}+\pi_2^{U*}$

当供应商对两个分销商采用相同的收益分享系数时，有：

$$\underline{\rho} \leqslant \rho \leqslant \bar{\rho} \tag{5-41}$$

其中，$\underline{\rho} = \max\{\pi_1^{U*}/(wy_1^{S*}),\ \pi_2^{U*}/(wy_2^{S*})\}$，$\bar{\rho} = 1 - (\pi_0^{U*} + \psi)/[w(y_1^{S*} + y_2^{S*})]$。

第四节　算例分析

假定一个供应商为两个分销商供货，两分销商每月的需求如表 5-2 所示，分销商缺货则发生销售损失，分销商的服务水平要求大于 90%。相关参数为：单件物品的库存持有成本分别为：$h_0 = 0.5$ 元/件·月，$h_1 = 1$ 元/件·月，$h_2 = 0.8$ 元/件·月；分销商订货处理成本分别为：$S_1 = 450$ 元/次，$S_2 = 600$ 元/次；供应商的生产准备成本 $S_p = 2500$ 元/次，供应商处理分销商每一个订单的固定成本分别为 $S_{01} = 320$ 元/次，$S_{02} = 700$ 元/次；供应商的生产成本 $c_0 = 30$ 元/件，分销商从供应商处的进货单价 $c_1 = 50$ 元/件，分销商的销售价格 $w = 80$ 元/件；运输单价见表 5-1。

表 5-2　两分销商未来 12 个月的需求数据

t	1	2	3	4	5	6	7	8	9	10	11	12	总计
d_1	320	300	360	400	550	600	450	400	540	560	630	480	5590
d_2	630	740	800	570	700	830	800	920	900	730	830	670	9120

经过计算，得到 VMI 实施前后供应商与分销商的库存决策参数结果如表 5-3所示：

表 5-3　U/C/S 情况下补货参数计算

t	1	2	3	4	5	6	7	8	9	10	11	12	总计
x_t^U	1990	0	2130	0	2680	0	2570	0	2730	0	2610		14710
y_{1t}^U	620	0	760	0	550	600	850	0	540	560	630	480	5590
y_{2t}^U	1370	0	1370	0	700	830	800	920	1630	0	1500	0	9120
θ_{it}^U	0	0	0	0	0	0	0	0	0	0	0	0	0
x_t^C	4120	0	0	0	3930	0	0	4050	0	0	2610	0	14710
y_{1t}^C	1380	0	0	0	1600	0	0	1500	0	0	1110	0	5590
y_{2t}^C	2740	0	0	0	2330	0	0	2550	0	0	1500	0	9120
θ_{it}^C	0	0	0	0	0	0	0	0	0	0	0	0	0
x_t^S	4120	0	0	0	3930	0	0	4050	0	0	2610	0	14710
y_{1t}^S	1380	0	0	0	1600	0	0	1500	0	0	1110	0	5590
y_{2t}^S	2740	0	0	0	2330	0	0	2550	0	0	1500	0	9120
θ_{it}^S	0	0	0	0	0	0	0	0	0	0	0	0	0

注：表中没有出现缺货，是由于缺货后产生的相对损失更大。

VMI 实施前供应商与分销商 1、分销商 2 所得利润分别为：

$\pi_0^{U*}=269705$，$\pi_1^{U*}=145780$，$\pi_2^{U*}=239272$

由式（5-40）得参数 ρ_i 的设定范围为：

$$\begin{cases}\rho_1 \geqslant 0.32598, \ \rho_2 \geqslant 0.32795 \\ 559\rho_1+912\rho_2 \leqslant 486.52\end{cases}$$

当供应商对两个分销商采用相同的收益分享系数时，有：

$\underline{\rho}=0.32795$，$\bar{\rho}=0.3307$

如供应商想分得更多利润，可采取分享系数为 $\rho=0.3275$。在此系数下，供应商与分销商在三种情况下所得利润如表 5-4 所示：

表 5-4 供应商与分销商在 U/C/S 情况下所得利润（$\rho=\underline{\rho}$时）

情况	供应商	分销商 1	分销商 2	总利润
U	269705	145780	239272	654757
C	218322	167700	273600	659622
S	273691	146659	239272	659622

表 5-4 数据显示，VMI 实施后，由于供应商采用集成的补货发货策略，使得供应链系统总成本有所降低。尽管如此，供应商却没有从系统利润的增加中分享到 VMI 的成果，其利润反而下降（从 270405 降至 218322）。因此，如果不进行利益的重新分配，势必影响供应商的积极性。通过本书设计的收益分享系数，虽然分销商 2 的利润没有改善，但供应商与分销商的利润均不低于 VMI 实施前（其中供应商与分销商 1 均有不同程度的改善），从而有利于 VMI 的实施。

第五节　本章小结

本章研究了动态需求下单供应商两分销商的 VMI 协调问题。首先建立了 VMI 实施前供应商与分销商补货决策模型，此情况下两分销商分别从各自利益最大化的角度出发，确定最优的补货决策，然后供应商根据分销商的补货决策再做自身的最优补货决策。继而建立了 VMI 实施后未进行利益协调情况下的补货模型。通过这两种情况下供应商与分销商利益的对比分析发现，VMI 使供应链总体利润增加的同时，供应商的利润可能不增反降，指出不进行利益的重新分配不利于 VMI 的实施，进一步提出收益分享契约的协调机制。详细阐述了收益分享协调机制中收益分享系数的确定，并用算例验证了理论研究成果。算例结果显示，在设计的收益分享系数下，VMI 实施后供应链总体利润增加的同时，供应商与分销商的利润均不低于 VMI 实施前，或有不同程度的增加，从而有利于 VMI 的实施。

本章建立的补货策略模型考虑了分段的运输成本函数和缺货产生销售损失但有服务水平约束的条件，求解前对模型进行了转换处理，以便于利用 MIP 方法进行求解，避免了用动态规划方法求解过程中许多补货规则的推导。这些是本章的主要创新之处。

第六章　随机需求下单供应商两分销商 VMI 协调策略

第一节　引言

在随机需求下一对多的研究中，Cetinkaya 和 Lee（2000）建立了包含运输成本的 VMI 集成补货发货模型，但笔者认为需求服从相同的泊松分布，体现不出买方的异质性。Christina Nielsen（2005）运用马尔可夫决策理论就需求服从不同泊松分布的多产品共同补货问题进行了研究，但作者没有考虑运输成本且研究对象为单级供应链。Pamela S. Donovan（2006）对需求和提前期均随机的多产品共同补货问题进行了研究，并提出了启发式求解算法，尽管作者考虑了分段的运输成本函数，但所建立的模型也局限在单级供应链。本书在上述补货策略研究的基础上，就随机需求下单供应商与两分销商的 VMI 补货策略及利益协调进行研究，提出采用价格补贴机制协调 VMI 实施中供应商与两分销商的利益，从而保证 VMI 实施后供应商与分销商的利益比 VMI 实施前有所改善。在本章的研究中，将考虑供应商可以有库存这一方式，总成本函数构建中考虑阶跃的运输成本，并且在分销商处考虑缺货成本及服务水平约束，以使研究的问题更符合实际。

本章的协调问题为：实施 VMI 前两个分销商独立订货，此时供应链是分销商主导型，分销商给供应商支付的购买价格为 c_1。实施 VMI 后，由供应商管理分销商的库存并承担相应的库存成本，此时供应商对分销商的补货方式有两种：一是基于共同补货期的时间协调策略；二是一般的集中化补货策略（两个分销商的补货时间不协调），供应商根据与库存有关的参数在这两者中做出最优的选择。实施 VMI 后，分销商不发生与库存有关的费用。由于与库存有关的费用发生了转移，为了协调双方的利益，分销商与供应商通过协商确定新的购买价格 $r_i c_1$（r_i 为价格因子），所研究问题为实施 VMI 后供应商选择何种补货策略以及如何确定价格因子 r_i，以使得供应商与分销商均有实施 VMI 的动力（全春光，2013）。

第二节　基本假设及符号说明

1. 基本假设

供应链结构同图 4－1，除第五章第二节中的假设（2）、假设（4）、假设（5）外，另作如下假设：

（1）分销商需求随机（假定服从正态分布），两分销商补货提前期确定并相同，且小于该分销商的补货周期。

（2）分销商处缺货可延迟交货，但必须支付一定的缺货成本。

（3）总成本包括供应商处库存持有成本及自身补货准备成本、供应商对分销商的订货成本、供应商到分销商的运输成本以及分销商处库存持有成本、订货准备成本及缺货成本。

（4）供应商的自身补货采用（Q，S）策略，分销商的补货采用（T，S）策略，具体有三种情形：①实施 VMI 前两分销商独立采用（T，S）补货策略（简称情况 U）；②实施 VMI 后供应商对分销商采用基于共同补货期的时间协调策略

（简称情况 C）；③实施 VMI 后供应商对分销商采用一般的集中决策补货策略（简称情况 J）。

（5）VMI 实施后供应商主导协调机制的设计，与库存有关的参数对供应商与分销商是完全信息。

2. 符号说明

本章模型所用符号说明如下：

（1）节点 $i=0$，1，2 分别表示供应商及分销商 1、分销商 2。

（2）D_i 表示节点 i 的年需求量，$i=0$，1，2；其中，$D_i \sim N\ (u_i,\ \sigma_i^2)$，$i=1$，2；$u_0=\sum_{i=1}^{2}u_i$。

（3）L 表示两分销商的补货提前期。

（4）B 表示分销商处的缺货惩罚成本。

（5）h_i、S_i、S_{0i}含义同前。

（6）S_p 表示供应商每次的固定补货成本。

（7）T_i 表示节点 i 的补货周期，$i=0$，1，2；T_g 表示共同的补货周期。

（8）R_i 表示节点 i 的补货订至水平，$i=1$，2。

（9）z_i 表示节点 i 的安全库存系数，$i=1$，2。

（10）Q_i 表示节点 i 的补货批量，是一随机变量，$i=1$，2；Q_0 表示节点 0 的补货批量，为决策变量。

（11）TC_i、TC、c_1 含义与第五章相同。

（12）参数右上标 U 表示实施 VMI 前两分销商采用独立补货策略；C 表示实施 VMI 后供应商采用基于共同补货期（Common Replenishment Epochs，CRE）的时间协调策略；J 表示一般的集中决策补货策略。

第三节　补货模型构建及价格补贴机制设计

一、VMI 实施前的补货模型构建及求解

1. VMI 实施前的模型构建

VMI 实施前，两分销商独立决策，分别从各自利益最大化的角度出发，确定最优的（R_i，T_i），然后供应商根据分销商的补货决策再做自身的最优补货决策，此过程可以看成是一个 Stackelberg 博弈过程。

（1）两分销商的补货模型构建。在分散决策下，分销商的库存成本由订货成本、存储成本、缺货成本和运输成本组成。

订货成本、存储成本以及缺货成本，设为 TC_{ia}^{u}，用式（6－1）表示：

$$TC_{ia}^{u}=\frac{S_i}{T_i}+\frac{1}{2}T_iu_ih_i+z_i\sigma_{(i)T_i+L}h_i+\frac{B}{T_i}\int_{R_i}^{\infty}(D_{T_i+L}-R_i)\hat{f}(D_{T_i+L})dD_{T_i+L} \quad (6-1)$$

其中，$R_i=u_i(T_i+L)+z_i\sigma_{(i)T_i+L}$

运输成本设为 TC_{ib}^{u}：

$$TC_{ib}^{u}=G_k(Q_i)u_i \quad (6-2)$$

其中，$Q_i=u_iT_i$，G_k（Q_i）参照式（5－1）。

于是，在分散决策下，使分销商 i 总成本最小的模型见式(6－3)：

$$\min TC_i^U(R_i,T_i)=\min TC_i^U(z_i,T_i)=G_k(Q_i)u_i+\frac{S_i}{T_i}+\frac{1}{2}T_iu_ih_i+z_i\sigma_{(i)T_i+L}h_i+$$

$$\frac{B}{T_i}\int_{R_i}^{\infty}(D_{T_i+L}-R_i)\hat{f}(D_{T_i+L})dD_{T_i+L}\quad i=1,2 \quad (6-3)$$

$$\text{s. t.}\begin{cases} z_i \geqslant z_\alpha \\ G_k(Q_i) = \begin{cases} \dfrac{k}{2}\left(\dfrac{Q_l}{Q_i}\right)G_0 & k=2,\ 4,\ 6,\ \cdots \\ \dfrac{k-1}{2}\left(\dfrac{Q_l}{Q_i}\right)(G_0 - G_1) + G_1 & k=3,\ 5,\ 7,\ \cdots \end{cases} \\ Q_i = u_i T_i \end{cases}$$

设上述模型的最优/近优解为（R_i^*，T_i^*），此策略下分销商的成本为TC_i（R_i^*，T_i^*）。

（2）供应商的补货模型构建。首先计算节点 0 的平均库存量，仍采用分解方法来近似处理，将节点 0 的补货批量 Q_0 分成两部分：一部分为$\frac{u_1}{u_0}Q_0$，用来满足分销商 1 的需求；另一部分为$\frac{u_2}{u_0}Q_0$，用来满足分销商 2 的需求。对每一部分，其库存呈不规则的阶梯变化（见图 6－1）。

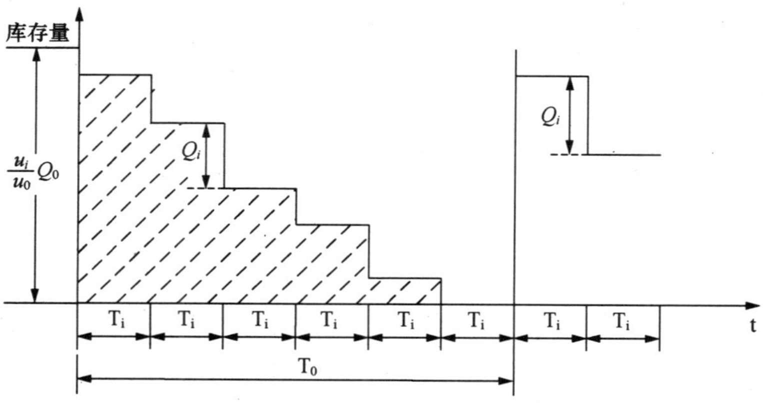

图 6－1　当供应商补货量$\frac{u_i}{u_0}Q_0$时面对两分销商不确定需求时库存状态

注：在下一次补货前，供应商的现有库存量有可能不为零，但由于数量少于可以发一次货的量，此处忽略。

设给分销商 i 服务的平均库存为 I_i，且 Q_{i1}，Q_{i2}，…，Q_{ik}分别为分销商 i 第 k 次补货的数量，则平均库存为图 6－1 中阴影部分的面积/T_0，见式（6－4）：

$$I_i=\frac{1}{T_0}\left[\left(\frac{u_i}{u_0}Q_0-Q_{i1}\right)T_i+\left(\frac{u_i}{u_0}Q_0-Q_{i1}-Q_{i2}\right)T_i+\cdots+\left(\frac{u_i}{u_0}Q_0-Q_{i1}-Q_{i2}-\cdots-Q_{ik}\right)T_i\right] \tag{6-4}$$

由于 Q_{ik}是一个随机变量，因而用期望值法来计算平均库存，期望值用 E 表示：

$$E(I_i)=E\left\{\frac{1}{T_0}\left[\left(\frac{u_i}{u_0}Q_0-Q_{i1}\right)T_i+\left(\frac{u_i}{u_0}Q_0-Q_{i1}-Q_{i2}\right)T_i+\cdots+\left(\frac{u_i}{u_0}Q_0-Q_{i1}-Q_{i2}-\cdots-Q_{ik}\right)T_i\right]\right\}$$

由于 $E(Q_{ik})=u_i$，因而有近似公式(6－5)：

$$E(I_i)=\frac{u_i}{2u_0^2}Q_0^2-\frac{T_iu_i}{2u_0}Q \tag{6-5}$$

供应商的平均库存为两部分之和，即 $E(I_1)+E(I_2)$，整理即为 $\frac{Q_0^2}{2u_0}-\sum_{i=1}^{2}\frac{T_iu_i}{2u_0}Q_0$。进一步得到节点 0 的平均库存持有成本，记为 TC_{0h}：

$$TC_{0h}^u=\left(\frac{Q_0^2}{2u_0}-\sum_{i=1}^{2}\frac{T_iu_i}{2u_0}Q_0\right)h_0 \tag{6-6}$$

在分销商确定最优的$(R_i,\ T_i)$策略下，可以得到供应商总成本最小的模型，见式（6－7）：

$$\min TC_0^U(Q_0)=\frac{u_0}{Q_0}S_p+\left(\frac{Q_0^2}{2u_0}-\sum_{i=1}^{2}\frac{T_iu_i}{2u_0}Q_0\right)h_0+\frac{S_{01}}{T_1}+\frac{S_{02}}{T_2} \tag{6-7}$$

2. VMI 实施前的模型求解

（1）两分销商补货模型求解。先看总成本函数的最后部分，令 $f(x)$、$F(x)$ 分别表示标准正态分布的概率密度函数及分布函数，则：

$$\int_{R_i}^{\infty}(D_{T_i+L}-R_i)\hat{f}(D_{T_i+L})dD_{T_i+L}=\sigma_i\sqrt{T_i+L}\int_{z_i}^{\infty}(x-z_i)f(x)dx$$

$$= \sigma_i \sqrt{T_i + L}\left[\int_{z_i}^{\infty} xf(x)dx - z_i\int_{z_i}^{\infty} f(x)dx\right]$$

$$= \sigma_i \sqrt{T_i + L}\left[\int_{-\infty}^{\infty} xf(x)dx - \int_{-\infty}^{z_i} xf(x)dx - z_i\int_{z_i}^{\infty} f(x)dx\right]$$

$$= \sigma_i \sqrt{T_i + L}\{f(z_i) - z_i[1 - F(z_i)]\} \tag{6-8}$$

将式（6－8）代入式（6－3）的总成本函数，则分销商 i 的总成本见式（6－9）：

$$TC_i^U(R_i, T_i) = \min TC_i^U(z_i, T_i) = G_k(Q_i)u_i + \frac{S_i}{T_i} + \frac{1}{2}T_iu_ih_i + z_i\sigma_{(i)T_i+L}h_i + \frac{B}{T_i}\sigma_i\sqrt{T_i+L}\{f(z_i) - z_i[1-F(z_i)]\} \tag{6-9}$$

接下来看式（6－9）总成本函数的后面部分，令：

$$TC_{si}^u = z_i\sigma_{(i)T_i+L}h_i + \frac{B}{T_i}\sigma_i\sqrt{T_i+L}\{f(z_i) - z_i[1-F(z_i)]\} \tag{6-10}$$

对 z_i 求导，得：

$$\frac{\partial TC_{si}^u}{\partial z_i} = \sigma_{(i)T_i+L}h_i + \frac{B}{T_i}\sigma_i\sqrt{T_i+L}\left[\frac{df(z_i)}{dz_i} + F(z_i) + z_if(z_i) - 1\right] \tag{6-11}$$

又 $\sigma_{(i)T_i+L} = \sigma_i\sqrt{T_i+L}$，且对标准正态分布$\frac{df(z_i)}{dz_i} = -z_if(z_i)$，代入式(6－11)得：

$$\frac{\partial TC_{si}^u}{\partial z_i} = \sigma_i\sqrt{T_i+L}\left[h_i + \frac{B}{T_i}(F(z_i) - 1)\right] \tag{6-12}$$

下面分两种情况讨论：

情形一：当 $T_i \geqslant \frac{B}{h_i}[1-F(z_\alpha)]$时。由于有服务水平约束，即要求 $z_i(T_i) \geqslant z_\alpha$，因而 $h_i + \frac{B}{T_i}[F(z_i) - 1] \geqslant h_i + \frac{B}{T_i}[F(z_\alpha) - 1]$。当 $T_i \geqslant \frac{B}{h_i}[1-F(z_\alpha)]$时，$h_i + \frac{B}{T_i}[F(z_\alpha) - 1] \geqslant 0$，从而$\frac{\partial TC_{si}^u}{\partial z_i} \geqslant 0$，于是 TC_{si}^u在 $z = z_\alpha$ 处取得最小值。

情形二：当 $T_i < \frac{B}{h_i}[1-F(z_\alpha)]$时。先考察$\frac{\partial TC_{si}^u}{\partial z_i} = 0$ 是否有解，令$\frac{\partial TC_{si}^u}{\partial z_i} = 0$，

得到式(6－13)：

$$F[z_i(T_i)] = 1 - \frac{h_i}{B}T_i \tag{6－13}$$

结合 $0 < T_i < \frac{B}{h_i}[1 - F(z_\alpha)]$ 可知，$0 < 1 - \frac{h_i}{B}T_i < 1$，从而式(6－13)有解。令式(6－13)求出的解为：

$$z_i(T_i) = z_i'(T_i) \tag{6－14}$$

由 $\frac{\partial^2 TC_{si}^u}{\partial z_i^2} = \sigma_i\sqrt{T_i + L} \cdot \frac{B}{T_i}f(z_i) > 0$ 可知，成本函数 TC_{si}^u 是凹的，TC_{si}^u 曲线的最低点所对应的安全系数值即为 $z_i'(T_i)$。然而，此情况下 $z_i'(T_i)$ 不一定是最优的安全系数 $z_i^*(T_i)$ 的取值。

因服务水平约束，$z_i'(T_i) \geqslant z_\alpha$（见图 6－2、图 6－3 中的阴影部分方向），$z_i^*(T_i)$ 的取值视以下两种情况而定：当 $z_i'(T_i) \leqslant z_\alpha$ 时（见图 6－2），TC_{si}^u 曲线的最低点在 $z = z_\alpha$ 的左边，成本曲线 TC_{si}^u 在 z_α 处取得最小值，即 $z_i^*(T_i) = z_\alpha$；反之，当 $z_i'(T_i) > z_\alpha$ 时（见图 6－3），成本曲线 TC_{si}^u 在 $z_i'(T_i)$ 处取得最小值，即 $z_i^*(T_i) = z_i'(T_i)$。

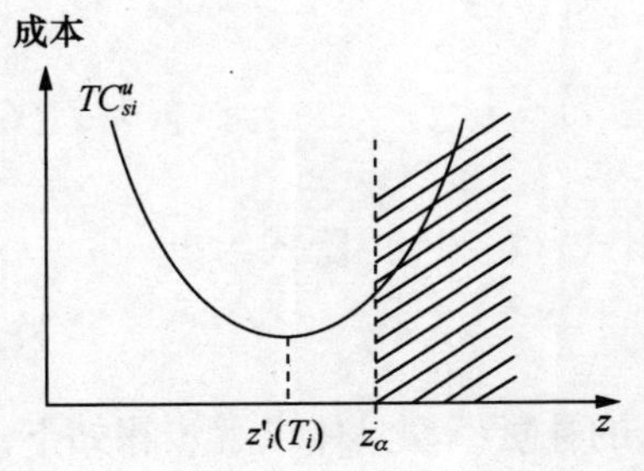

图 6－2　$z_i'(T_i) \leqslant z_\alpha$ 时的 TC_{si}^u 曲线

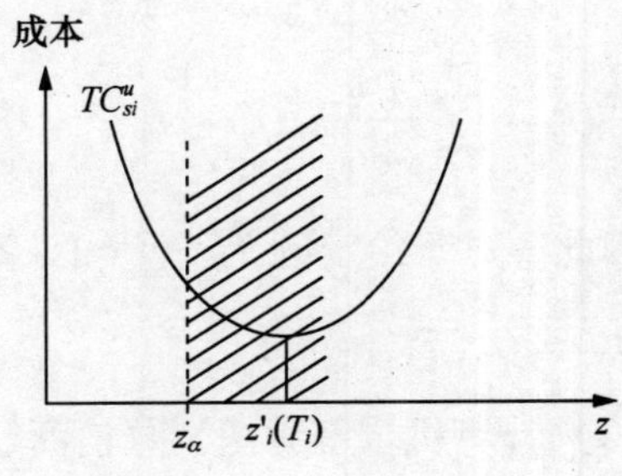

图 6－3　$z_i'(T_i) > z_\alpha$ 时的 TC_{si}^u 曲线

因此，对给定的 T_i，结合上述分析及式（6－14），TC_{si}^u 的最小值为：

$$TC_{si}^{U*}=\begin{cases}z_\alpha\sigma_i\sqrt{T_i+Lh_i}+\dfrac{B}{T_i}\sigma_i\sqrt{T_i+L};\ 当\ T_i\geqslant\dfrac{B}{h_i}[1-F(z_\alpha)]时\\ \{f(z_\alpha)-z_\alpha[1-F(z_\alpha)]\};\ 当\ T_i<\dfrac{B}{h_i}[1-F(z_\alpha)]且\ z'_i(T_i)\leqslant z_\alpha\ 时\\ \dfrac{B}{T_i}\sigma_i\sqrt{T_i+L}f[z'_i(T_i)];\ 当\ T_i<\dfrac{B}{h_i}[1-F(z_\alpha)]且\ z'_i(T_i)>z_\alpha\ 时\end{cases}\tag{6-15}$$

由式（6-9）、式（6-10）、式（6-15）知，最小化总成本函数等同于最小化式（6-16）：

$$TC_i^U(R_i,\ T_i)=TC_i^U(z_i,\ T_i)=TC_i^U(T_i)$$

$$=c_1.\ u_i+G_k(Q_i)u_i+\frac{S_i}{T_i}+\frac{1}{2}T_iu_ih_i+TC_{si}^{u*}\tag{6-16}$$

式(6-16)只含有一个变量 T_i，通过确定 T_i 的范围，采用固定步长遍历求解算法，可以得到 T_i 的最优/近优解 T_i^*。补货订至水平 $R_i=u_i(T_i+L)+z_i\sigma_{(i)T_i+L}$。

（2）供应商补货模型的求解。将供应商总成本函数［式（6-7）］对 Q_0 求偏导数并令其等于零：

$$\frac{\partial TC_0^U(Q_0)}{\partial Q_0}=-\frac{u_0}{Q_0^2}S_p+\frac{Q_0}{u_0}h_0-\sum_{i=1}^{2}\frac{T_iu_i}{2u_0}h_0=0,即:$$

$$\frac{h_0}{u_0}Q_0^3-\sum_{i=1}^{2}\frac{T_iu_i}{2u_0}h_0Q_0^2-u_0S_p=0\tag{6-17}$$

因此，对于给定的 T_i^*（$i=1,\ 2$），可由式（6-17）隐式给出：

$$Q_0^{u*}=Q_0(T_1^*,\ T_2^*)\tag{6-18}$$

（3）计算机求解算法。分销商、供应商的补货模型具体求解步骤如下：

步骤1，初始化数据。给定 S_p、S_{0i}、S_i、u_i、h_i、c_0、c_1、z_α、B、L、G_k。

步骤2，确定补货周期的范围，$T_g^{min}=L$，$T_g^{max}=1$，即最大周期不超过一年。计算步长 $\Delta T_g=1/360$，即1天。给 $TC_i(T_i)$赋初值，令 $TC_i^U(T_i)^*=10^8$。

步骤3，$i=1$。

步骤4，主循环：

步骤4.1，$T_i = T^{\min}$，计算$\frac{B}{h_i}[1 - F(z_\alpha)]$，如 $T_i \geqslant \frac{B}{h_i}[1 - F(z_\alpha)]$，$z_i^*(T_i) = z_\alpha$，否则转步骤4.2。

步骤4.2，由式(6-14)计算 $z_i'(T_i)$，如 $z_i'(T_i) \leqslant z_\alpha$，则 $z_{i^*}(T_i) = z_\alpha$；反之，当 $z_i'(T_i) > z_\alpha$时，$z_i^*(T_i) = z_i'(T_i)$。

步骤4.3，由式(6-15)计算 TC_{si}^*，由式(6-16)计算 $TC_i(T_i)$。

步骤4.4，如 $T_i > T^{\max}$，转步骤4.5，否则①如 $TC_i^U(T_i) < TC_i^U(T_i)^*$，则 $T_i^* = T_i$，$z_i = z_i^*(T_i)$，$T_g = T_g + \Delta T$，转步骤4.1；②如 $TC_i^U(T_i) \geqslant TC_i^U(T_i)^*$，$T_i = T_i + \Delta T$，转步骤4.1。

步骤4.5，根据 $R_i = u_i(T_i^* + L) + z_i\sigma_{(i)T_i^* + L}$计算分销商 i 的最大补充水平。

步骤5，$i = 2$，执行步骤4。

步骤6，由式(6-18)计算 $Q_0^{u*} = Q_0(T_1^*, T_2^*)$。

步骤7，输出结果 $TC_i^U(T_i)^*$，T_i^*，z_i，R_i，Q_0^{u*}，$TC_0^U(Q_0^{u*})$分别代表最低总成本、分销补货周期、分销商的库存安全系数、分销商 i 的最大补充水平、供应商自身的补货批量及供应商的总成本。

二、VMI 实施后基于 CRE 时间协调策略下补货模型的构建及求解

1. 基于 CRE 时间协调策略下补货模型的构建

VMI 实施后，供应商负责两分销商的库存管理，有条件使两分销商的补货与供应商自身的补货相互协同，供应商采用基于共同补货期的时间协调策略，$T_1 = T_2 = T_g$，下面分别计算长期运行下分销商和供应商单位时间的总成本。

（1）分销商单位时间的总库存成本。由于实施 VMI 后，分销商的订货成本及库存持有成本都转移到节点0，即供应商处，因而长期运行下分销商单位时间的总成本见式（6-19）：

$$TC_i^C = 0,\ i = 1,\ 2 \qquad (6-19)$$

（2）供应商单位时间的总库存成本。包括：处理节点 i 的订货成本及在节点 i 处的库存持有成本与缺货成本、供应商到节点 i 的运输成本（$i = 1, 2$）；供应

商自身补货成本和库存持有成本。

第一，处理节点 i 的订货成本、在节点 i 处的库存持有成本以及缺货成本，记为 TC_{0i}^{C}：

$$TC_{0i}^{C} = (S_{0i} + S_i)\frac{1}{T_g} + \frac{1}{2}T_g u_i h_i + z_i\sigma_{(i)T_g+L}h_i + \frac{B}{T_g}\int_{R_i}^{\infty}(D_{T_g+L} - S_i)\hat{f}(D_{T_g+L})dD_{T_g+L},$$

$i = 1,2$ （6－20）

$R_i = D\ (T_g + L)\ + z_i\sigma_{(i)T_g+L}$

第二，自身补货成本，记为 TC_{0z}^{C}：

$$TC_{0z}^{C} = \frac{u_0}{Q_0^{C}}S_p \qquad (6-21)$$

第三，库存持有成本。由于节点 0 每一次补货周期中，每隔 T_g 时间，分别以批量 Q_1、Q_2（均为随机变量）对节点 1 和节点 2 补货，因而节点 0 的库存量变化呈现图 6－4 所示的阶梯变化。

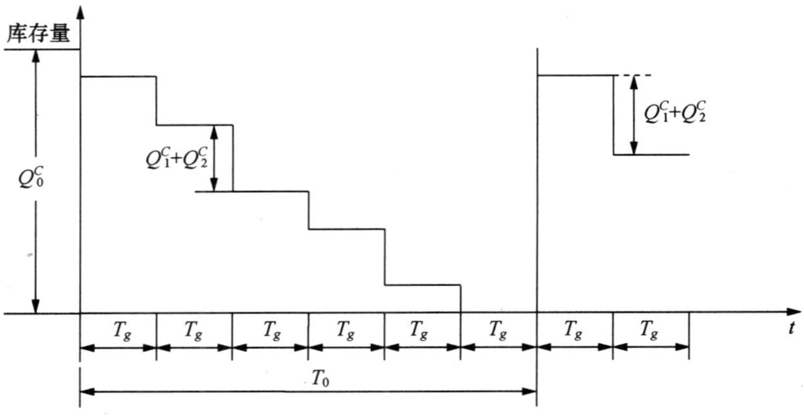

图 6－4 当供应商补货量 Q_0 时面对两分销商不确定需求时库存状态

注：在下一次补货前，供应商的现有库存量有可能不为零，但由于少于可以发一次货的数量，此处忽略。

参照前述的分析方法，不难得到图 6－4 所示情况下供应商的平均库存可以近似为$\frac{Q_0^2}{2u_0} - \frac{T_g Q_0}{2}$。进一步得到节点 0 的平均库存持有成本，记 TC_{0h}，用式（6－23）表示：

$$TC_{0h}^{C}=\left(\frac{Q_0^2}{2u_0}-\frac{T_gQ_0}{2}\right)h_0 \tag{6-22}$$

第四，供应商到分销商的运输成本，记为 TC_{0y}^{C}：

$$TC_{0y}^{C}=G_k(Q).u_0 \tag{6-23}$$

其中，$Q=u_0T_g$，G_k 见式（5-1）。

于是，节点 0 的总成本为上述四项成本之和：

$$TC_0^C=\sum_{i=1}^{2}TC_{0i}^{C}+TC_{0z}^{C}+TC_{0h}^{C}+TC_{0y}^{C} \tag{6-24}$$

即

$$TC_0^C(T_g,R_i,Q_0)=\frac{u_0}{Q_0}S_p+\left(\frac{Q_0^2}{2u_0}-\frac{T_gQ_0}{2}\right)h_0+G_ku_0+\sum_{i=1}^{2}\left[(S_{0i}+S_i)\frac{1}{T_g}+\frac{1}{2}T_gu_ih_i+z_i\sigma_{(i)T_g+L}h_i+\frac{B}{T_g}\int_{R_i}^{\infty}(D_{T_g+L}-R_i)\hat{f}(D_{T_g+L})dD_{T_g+L}\right] \tag{6-25}$$

所以，供应商总成本最小的 VMI 系统模型为：

$$\min TC_0^C(T_g,R_i,Q_0)=\frac{u_0}{Q_0}S_p+\left(\frac{Q_0^2}{2u_0}-\frac{T_gQ_0}{2}\right)h_0+G_ku_0+\sum_{i=1}^{2}\left[(S_{0i}+S_i)\frac{1}{T_g}+\frac{1}{2}T_gu_ih_i+z_i\sigma_{(i)T_g+L}h_i+\frac{B}{T_g}\int_{R_i}^{\infty}(D_{T_g+L}-R_i)\hat{f}(D_{T_g+L})dD_{T_g+L}\right]$$

$$\text{s. t.}\begin{cases}R_i=u_i(T_g+L)+z_i\sigma_{(i)T_g+L}\\ G_k(Q)=\begin{cases}\dfrac{k}{2}\left(\dfrac{Q_l}{Q}\right)G_0 & k=2,\ 4,\ 6,\ \cdots\\ \dfrac{k-1}{2}\left(\dfrac{Q_l}{Q}\right)(G_0-G_1)+G_1 & k=3,\ 5,\ 7,\ \cdots\end{cases}\\ Q=u_0T_g\\ z_i\geqslant z_\alpha\end{cases} \tag{6-26}$$

2. 基于 CRE 时间协调策略补货模型的求解

（1）Q_0 的求解。将总成本函数对 Q_0 求偏导数，并令其等于 0。即令 $\dfrac{\partial TC_0^C(T_g,\ R_i,\ Q_0)}{\partial Q_0}=0$，有：

$$\frac{h_0}{u_0}Q_0^3-\frac{T_g}{2}h_0Q_0^2-u_0S_p=0 \tag{6-27}$$

因此，对于给定的 T_g，可由式（6－27）给出：

$$Q_0^* = Q_0(T_g) \tag{6-28}$$

（2）T_g、R_i 的求解。参照VMI实施前的研究，式（6－26）的总成本函数可以表示为：

$$TC_0^C(T_g,R_i,Q_0) = TC_0^C(T_g,z_i,Q_0) = \frac{u_0}{Q_0}S_p + \left(\frac{Q_0^2}{2u_0} - \frac{T_gQ_0}{2}\right)h_0 + G_ku_0 + \sum_{i=1}^{2}[(S_{0i} + S_i)\frac{1}{T_g} + \frac{1}{2}T_gu_ih_i + z_i\sigma_{(i)T_g+L}h_i + \frac{B}{T_g}\sigma_i\sqrt{T_g + L}\{f(z_i) - z_i[1 - F(z_i)]\} \tag{6-29}$$

令 $TC_{si}^C = z_i\sigma_{(i)T_g+L}h_i + \frac{B}{T_g}\sigma_i\sqrt{T_g + L}\{f(z_i) - z_i[1 - F(z_i)]\}$ (6－30)

于是，对给定的 T_g，结合上述分析及式（6－15）结果，TC_{si}^C的最小值为

$$TC_{si}^{C*} = \begin{cases} z_\alpha\sigma_i\sqrt{T_g + Lh_i} + \frac{B}{T_g}\sigma_i\sqrt{T_g + L}\{f(z_\alpha) - z_\alpha[1 - F(z_\alpha)]\}，\text{当 } T_g \geqslant \\ \frac{B}{h_i}[1 - F(z_\alpha)]\text{或者 } T_g < \frac{B}{h_i}[1 - F(z_\alpha)]\text{且 } z'_i(T_g) \leqslant z_\alpha \text{ 时} \\ \frac{B}{T_g}\sigma_i\sqrt{T_g + L}f[z'_i(T_g)]，\text{当 } T_g < \frac{B}{h_i}[1 - F(z_\alpha)]\text{且 } z'_i(T_g) > z_\alpha \text{ 时} \end{cases} \tag{6-31}$$

$z_i'(T_g)$由式(6－32)计算：

$$1 - F[z_i(T_g)] = \frac{h_i}{B}T_g \tag{6-32}$$

由式（6－29）、式（6－30）、式（6－31）可知，最小化总成本函数等同于最小化式（6－33）：

$$TC_0^C(T_g,z_i,Q_0) = TC_0^C(T_g) = \frac{u_0}{Q_0^*}S_p + \left(\frac{(Q_0^*)^2}{2u_0} - \frac{T_gQ_0^*}{2}\right)h_0 + G_ku_0 + \sum_{i=1}^{2}[(S_{0i} + S_i)\frac{1}{T_g} + \frac{1}{2}T_gu_ih_i] + \sum_{i=1}^{2}(TC_{si}^{C*}) \tag{6-33}$$

其中，Q_0^* 由式（6－29）求出，TC_{si}^{C*} 由式（6－31）求出。

式(6－33)只含有一个变量 T_g，通过确定 T_g 的范围，采用遍历求解算法，可以得到 T_g 的最优/近优解。具体求解步骤如下：

步骤1，初始化数据。给定 S_p、S_{0i}、S_i、u_i、h_i、c_0、c_1、z_α、B、L、G_k。

步骤2，确定补货周期的范围，$T_g^{\min}=L$，$T_g^{\max}=1$，即最大周期不超过一年。计算步长 $\Delta T_g=1/360$，即1天。给 $TC(T_g)$ 赋初值，令 $TC(T_g)^*=10^8$。

步骤3，主循环：

步骤3.1，$T_g=T_g^{\min}$，计算 $\frac{B}{h_i}[1-F(z_\alpha)]$，如 $T_g\geqslant\frac{B}{h_i}[1-F(z_\alpha)]$，$z_i^*(T_g)=z_\alpha$，否则转步骤3.2。

步骤3.2，由式(6-32)计算 $z_i'(T_g)$，如 $z_i'(T_g)\leqslant z_\alpha$，则 $z_i^*(T_g)=z_\alpha$；反之，当 $z_i'(T_g)>z_\alpha$ 时，$z_i^*(T_g)=z_i'(T_g)$。

步骤3.3，由式（6-28）计算 $Q_0^*=Q_0(T_g)$；由式（6-31）计算 TC_{si}^*，由式（6-33）计算 $TC(T_g)$。

步骤3.4，如 $T_g>T_g^{\max}$，转步骤3.5，否则：

①如 $TC(T_g)<TC(T_g)^*$，则 $TC(T_g)^*=TC(T_g)$，$T_g^*=T_g$，$z_i=z_i^*(T_g)$，$Q_0=Q_0^*$，$T_g=T_g+\Delta T_g$，转步骤3.1；

②如 $TC(T_g)\geqslant TC(T_g)^*$，$T_g=T_g+\Delta T_g$，转步骤3.1。

步骤3.5，根据 $R_i=u_i(T_g+L)+z_i\sigma_{(i)T_g+L}$ 计算分销商 i 的最大补充水平。

步骤4，输出结果 $TC(T_g)^*$，T_g^*，z_i，R_i，Q_0，分别代表最低总成本、分销商补货周期、分销商库存安全系数、分销商 i 的最大补充水平和供应商自身的补货批量。

三、VMI 实施后一般集中策略下补货模型的构建及求解

1. 一般集中策略下补货模型的构建

VMI 实施后，供应商的补货策略除 CRE 补货策略外，也可以采用一般的集中化补货策略，具体两种策略的选择视系统的参数而定（后面将通过数值分析验证这一性质），此策略下，T_1^J 与 T_2^J 没有约束。不失一般性，假定它们不同，下面分别计算长期运行下分销商和供应商单位时间的总成本。

（1）分销商单位时间的总库存成本。与情况 C 相同，有：

$$TC_i^J=0,\ i=1,\ 2 \tag{6-34}$$

（2）供应商单位时间的总库存成本。包括供应商自身的补货成本及库存持有成本以及处理节点 i 的运输成本、订货成本、在节点 i 处的库存持有成本与缺货成本。

①供应商自身的补货成本及库存持有成本，记为 TC_{0z}^J，用式（6－35）表示：

$$TC_{0z}^J(Q_0,T_i,R_i)=\frac{u_0}{Q_0}S_p+\left(\frac{Q_0^2}{2u_0}-\sum_{i=1}^{2}\frac{T_iu_i}{2u_0}Q_0\right)h_0 \tag{6-35}$$

②处理节点 i 的运输成本、订货成本、在节点 i 处的库存持有成本以及缺货成本，记为 TC_{0i}^J，用式（6－36）表示：

$$TC_{0i}^J=G_k(Q_i)u_i+\frac{S_{0i}+S_i}{T_i}+\frac{1}{2}T_iu_ih_i+z_i\sigma_{(i)T_i+L}h_i$$

$$+\frac{B}{T_i}\int_{R_i}^{\infty}(D_{T_i+L}-R_i)\hat{f}(D_{T_i+L})dD_{T_i+L}\qquad i=1,2 \tag{6-36}$$

供应商总成本由上述两部分组成，因而其最小化模型为：

$$\min TC_0^J(Q_0,T_i,R_i)=\frac{u_0}{Q_0}S_p+\left(\frac{Q_0^2}{2u_0}-\sum_{i=1}^{2}\frac{T_iu_i}{2u_0}Q_0\right)h_0+\sum_{i=1}^{2}\Big[G_k(Q_i)u_i+\frac{S_{0i}+S_i}{T_i}+$$

$$\frac{1}{2}T_iu_ih_i+z_i\sigma_{(i)T_i+L}h_i+\frac{B}{T_i}\int_{R_i}^{\infty}(D_{T_i+L}-R_i)\hat{f}(D_{T_i+L})dD_{T_i+L}\Big] \tag{6-37}$$

该模型约束条件与式（6－3）中的约束条件相同（此处略）。

2. 集中策略下补货模型的求解

（1）Q_0 的求解。将式（6－37）总成本函数对 Q_0 求偏导并令其等于零：

$$\frac{h_0}{u_0}Q_0^3-\sum_{i=1}^{2}\frac{T_iu_i}{2u_0}h_0Q_0^2-u_0S_p=0 \tag{6-38}$$

因此，对于给定的 T_i^*（$i=1,\ 2$），可由式(6－17)隐式给出：

$$Q_0^{J*}=Q_0(T_1^*,\ T_2^*) \tag{6-39}$$

（2）T_i、R_i 的求解。由式（6－8）和式（6－10），式（6－37）目标函数可以表示为：

$$\min TC_0^J(T_1,T_2)=\frac{u_0}{Q_0(T_1,T_2)}S_p+\left(\frac{[Q_0(T_1,T_2)]^2}{2u_0}-\sum_{i=1}^{2}\frac{T_iu_i}{2u_0}Q_0(T_1,T_2)\right)h_0+$$

$$\sum_{i=1}^{2}\left[G_k(Q_i)u_i+\frac{S_{0i}+S_i}{T_i}+\frac{1}{2}T_iu_ih_i+TC_{si}^{J*}\right] \tag{6-40}$$

$$TC_{si}^{J*}=\begin{cases}z_\alpha\sigma_i\sqrt{T_i+L}h_i+\frac{B}{T_i}\sigma_i\sqrt{T_i+L}\{f(z_\alpha)-z_\alpha[1-F(z_\alpha)]\} & \text{当 } T_i\geqslant\frac{B}{h_i}[1-F(z_\alpha)]\\ \text{或者 } T_i<\frac{B}{h_i}[1-F(z_\alpha)]\text{且 } z'_i(T_i)\leqslant z_\alpha \text{ 时} & \\ \frac{B}{T_i}\sigma_i\sqrt{T_i+L}f(z'_i(T_i)) & \text{当 } T_i<\frac{B}{h_i}(1-F(z_\alpha))\text{且 } z'_i(T_i)>z_\alpha \text{ 时}\end{cases} \tag{6-41}$$

因此，上述目标函数只含有两个变量：$(T_1,\ T_2)$。

鉴于目标函数具有阶跃性质，其在可行域的整个区间内不可导，而遗传算法的特点能够求解这类问题，因而此处将运用自适应遗传算法来求解。具体算法如下：

步骤1：随机产生初始种群，个体数目一定，每个个体表示为染色体的基因编码。

步骤2：计算个体的适应度（此处用总库存成本的倒数表示），并判断是否符合优化准则，若符合，输出最佳个体及其代表的最优解，并结束计算，否则转向步骤3。

步骤3：依据个体适应度选择再生个体，适应度高的个体被选中的概率高，适应度低的个体可能被淘汰。

步骤4：按照下式确定交叉概率，并通过交叉生成新的个体：

$$P_c=\begin{cases}\frac{k_1(f_{\max}-f)}{f_{\max}-f_{avg}}, & f\geqslant f_{avg}\\ k_2, & f<f_{avg}\end{cases}$$

其中，$f_{\max}$为群体中的最大适应值；f_{avg}为群体平均适应值；f为要交叉的两个个体中较大的适应度值；k_1、k_2 为常数。

步骤5：按照下式确定变异概率，并通过变异生成新的个体：

$$P_m=\begin{cases}\dfrac{k_3(f_{\max}-f')}{f_{\max}-f_{avg}}, & f'\geqslant f_{avg}\\ k_4, & f'<f_{avg}\end{cases}$$

其中，f'为要变异个体的适应度值，k_3、k_4 为常数。

步骤6：由交叉和变异产生新一代种群，返回到步骤2。

四、基于价格补贴的 VMI 协调机制设计

从上述分析可以看出，实施 VMI 后，分销商不再管理库存，其库存成本要较 VMI 实施前低，而供应商因为实施 VMI 后承担了额外的库存成本（运输成本、库存保管成本、缺货损失成本），导致总的库存成本增加。这样如果不通过一定的利益协调机制来协调买卖双方的利益变化，势必影响供应商实施 VMI 的积极性。为此，需要制定一种协调机制来保证 VMI 的顺利实施。这里采用价格补贴机制协调的方法，即在分销商原购买价格 c_1 的基础上，通过协商确定新的价格 r_ic_1（r_i 一般会大于1），以协调双方的利益。根据协调的基本原则，r_i 应满足实施 VMI 后各方的利益不小于实施前的利益。具体来说：①对分销商1与分销商2，库存成本的减少应不少于其购置成本的增加；②对供应商，其库存成本的增加应不大于其从分销商处获得的额外价格补偿。用算式表达见式（6－42）：

$$\begin{cases}TC_i^{U*}-TC_i^{p*}\geqslant c_1u_i(r_i-1)\\ TC_0^{p*}-TC_0^{U*}\leqslant \sum\limits_{i=1}^{2}[c_1u_i(r_i-1)]\end{cases}\quad i=1,2 \tag{6-42}$$

式中，$p\in\{C, J\}$，即代表供应商两种补货策略的一种，具体选择视系统参数而定。

由于实施 VMI 后分销商没有库存费用，$TC_i^{p*}=0$（$i=1$，2），式（6－42）等价于：

$$\begin{cases} r_1 \leqslant 1 + \dfrac{TC_1^{U*}}{c_1 u_1},\ r_2 \leqslant 1 + \dfrac{TC_2^{U*}}{c_1 u_2} \\ u_1 r_1 + u_2 r_2 \geqslant u_1 + u_2 + \dfrac{TC_0^{p*} - TC_0^{U*}}{c_1} \end{cases} \tag{6-43}$$

r_1，r_2 取值范围如图 6-5 中的阴影部分（三角形 ABC 区域）。

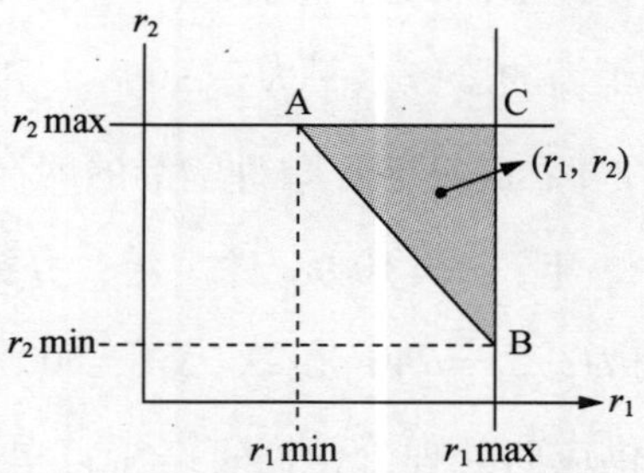

图 6-5　r_1，r_2 取值范围

其中，$r_1\max = 1 + \dfrac{TC_1^{U*}}{c_1 u_1}$，$r_2\max = 1 + \dfrac{TC_2^{U*}}{c_1 u_2}$

$$r_1\min = 1 + \frac{u_2}{u_1} + \frac{TC_0^{p*} - TC_0^{U*}}{c_1 . u_1} - \frac{u_2}{u_1} r_2\max$$

$$r_2\min = 1 + \frac{u_1}{u_2} + \frac{TC_0^{p*} - TC_0^{U*}}{c_1 . u_2} - \frac{u_1}{u_2} r_1\max$$

式（6-43）有解的必要条件是实施 VMI 后整个供应链能产生额外的利益，即实施 VMI 后整个供应链的库存成本不大于实施 VMI 前整个供应链的库存成本，也即 $TC_0^{U*} + TC_1^{U*} + TC_2^{U*} - TC_0^{p*} \geqslant 0$。

当供应链的三方地位对等、采用等分法（Equal Allocation，EA）平分合作所得的利润时，有：

$TC_i^{U*} - TC_i^{p*} - c_1 u_i (r_i - 1) = (TC^{U*} - TC_0^{p*})/3$，$i = 1, 2$，即：

$$r_i = 1 + \frac{TC_i^{U*} - (TC^{U*} - TC_0^{p*})/3}{c_1 u_i},\ i = 1, 2 \tag{6-44}$$

第四节 算例分析

假定一个供应商为两个分销商供货，两分销商的需求服从正态分布，分销商缺货时可以延迟交货，分销商的服务水平大于90%。相关参数为：$u_1=1060$ 件/年，$\sigma_1=20$，$u_2=4500$ 件/年，$\sigma_2=50$；单件物品的库存持有成本分别为：$h_0=3$ 元/件·年，$h_1=12$ 元/件·年，$h_2=10$ 元/件·年；分销商缺货成本为3元/件；分销商订货处理成本分别为：$S_1=240$ 元/次，$S_2=600$ 元/次；供应商的生产准备成本 $S_p=5500$ 元/次，供应商处理分销商每一个订单的固定成本分别为 $S_{01}=320$ 元/次，$S_{02}=1000$ 元/次；分销商订货提前期为5天；实施VMI前分销商从供应商处的进货单价 $c=100$ 元/件；运输单价见表5－1。

运用前述方法，在Matlab程序下运行后，得到VMI实施前、实施后基于共同补货期和集中决策下供应商与分销商的成本、最优订货决策以及利益协调参数（见表6－1）。

表6－1 VMI实施前后补货策略对比

情况	n_1	n_2	n	q_0	r_1	r_2	z_1	z_2	TC_0	TC_1	TC_2	TC	最优策略
U	68	80		4052	226	1094	1.28	1.28	16858	7917	21527	46303	
C			130	4207	413	1727	1.28	1.28				43489	*
J	186	80		4117	581	1094	1.28	1.28				46206	

注：n表示补货间隔天数。

根据式（6－43），得利益协调参数（价格因子）的范围：

$$\begin{cases} r_1 \leqslant 1.075,\ r_2 \leqslant 1.048 \\ 1060r_1 + 4500r_2 \geqslant 5826.3 \end{cases}$$

当采用 EA 策略平分合作所得的利润时，有 $r_1 = 1.066$，$r_2 = 1.046$，此时三方分别获得利润为 592 元。

r_1，r_2 的取值范围（图 6－6 三角形区域）及采取 EA 策略时的取值（图 6－6 星号处）如下：

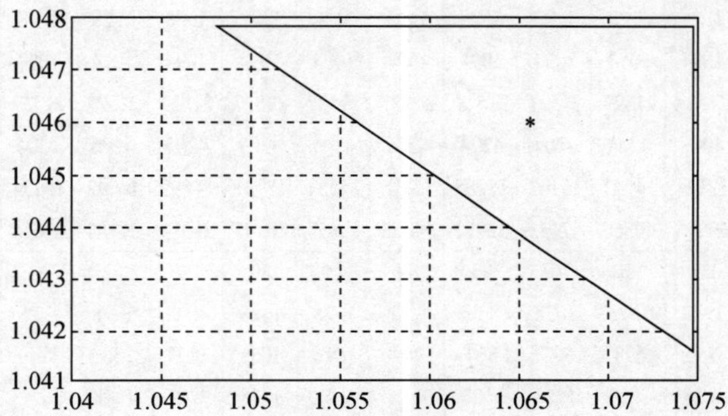

图 6－6　r_1，r_2 的取值范围及平分合作利润时的取值

接下来分析系统参数变化对供需双方库存决策及 r 的影响。

1. 当 u_1 变化时（假定从 1060 至 7560 变化）

VMI 实施前后三种补货策略下的库存决策参数见表 6－2。由表 6－2 三种补货策略下供应链总成本数据可得趋势图 6－7。从图中的总成本曲线可以看出，在算例的参数下，实施 VMI 后采用一般的集中补货策略并没有带来系统成本的显著降低，而 VMI 后的 CRE 策略降低了供应链总库存成本，而且随着 u_1 的增加，CRE 策略相比分散决策策略节约的成本越来越大。所以，在此情况下，如实施 VMI，采用 CRE 策略较优。

接下来再考察 U/C 两种情况下的协调参数变化，计算结果见表 6－3；协调参数的变化如图 6－8 所示。从图中参数的变化可以看出，随着 u_1 的增加，除 r_2 max没有变化外，其他均呈下降趋势。这说明，随着 u_1 的增大，供应商采用最优的 CRE 策略补货时降低的成本更多，分销商也可以相应获得更多的利润，以分享 VMI 的成果。

表 6-2　u_1 变化时 VMI 实施前后三种补货策略下的库存决策参数

情况	u_1	1060	1560	2060	2560	3060	3560	4060	4560	5060	5560	6060	6560	7060	7560
U	n_1u	68	57	174	140	117	101	89	79	71	65	59	55	51	48
	z_1u	1.28	1.28	1.28	1.28	1.28	1.28	1.28	1.28	1.28	1.28	1.28	1.28	1.28	1.28
	R_1u	226	279	1042	1047	1052	1062	1073	1076	1080	1092	1088	1104	1108	1123
	tc_1u	7917	10933	12898	14505	16120	17714	19366	20939	22564	24218	25865	27426	29007	30774
	n_2u	80	80	80	80	80	80	80	80	80	80	80	80	80	80
	z_2u	1.28	1.28	1.28	1.28	1.28	1.28	1.28	1.28	1.28	1.28	1.28	1.28	1.28	1.28
	R_2u	1094	1094	1094	1094	1094	1094	1094	1094	1094	1094	1094	1094	1094	1094
	tc_2u	21527	21527	21527	21527	21527	21527	21527	21527	21527	21527	21527	21527	21527	21527
	q_0u	4052	4061	4204	4204	4204	4205	4206	4205	4205	4206	4204	4206	4205	4207
	tc_0u	16858	17134	14941	15102	15265	15416	15564	15731	15899	16042	16234	16366	16532	16665
	TCU	46303	49594	49366	51133	52912	54656	56457	58197	59989	61787	63626	65319	67066	68966
C	nc	130	119	110	102	95	89	84	80	75	72	68	65	62	60
	z_1c	1.28	1.28	1.28	1.28	1.28	1.28	1.28	1.28	1.28	1.28	1.28	1.28	1.28	1.28
	R_1c	413	552	673	775	864	943	1016	1089	1137	1201	1240	1287	1325	1376
	z_2c	1.28	1.28	1.28	1.28	1.28	1.28	1.28	1.28	1.28	1.28	1.28	1.28	1.28	1.28
	R_2c	1727	1588	1474	1372	1284	1208	1144	1094	1030	992	941	903	865	840
	q_0c	4207	4173	4146	4122	4102	4084	4070	4059	4044	4036	4024	4016	4008	4002
	TCC	43489	44295	45093	45819	46580	47300	47944	48662	49310	49941	50556	51158	51831	52395
J	n_1j	186	214	169	141	118	99	96	79	71	70	64	55	56	45
	z_1j	1.28	1.28	1.28	1.28	1.28	1.28	1.28	1.28	1.28	1.28	1.28	1.28	1.28	1.28
	R_1j	581	969	1013	1055	1060	1042	1153	1076	1080	1170	1173	1104	1207	1060
	n_2j	80	81	84	85	83	164	82	160	89	161	161	86	86	82
	z_2j	1.28	1.28	1.28	1.28	1.28	1.28	1.28	1.28	1.28	1.28	1.28	1.28	1.28	1.28
	R_2j	1094	1106	1144	1157	1132	2156	1119	2106	1208	2119	2119	1170	1170	1119
	q_oj	4117	4193	4208	4218	4213	4418	4227	4412	4227	4432	4431	4220	4240	4199
	TCJ	46206	47752	49728	51493	53122	55499	57415	58552	60621	63170	64952	65745	68880	70280

注：表中 n_1u 表示情况 U 下的参数 n_1，后同。

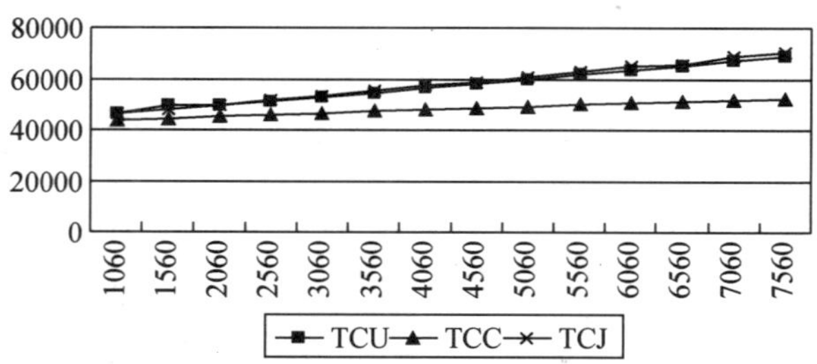

图 6-7　u_1 变化时三种策略下供应链总库存成本

表 6-3 u_1 变化时 U/C 策略下利益协调参数

u_1	1060	1560	2060	2560	3060	3560	4060	4560	5060	5560	6060	6560	7060	7560
r_1 max	1.075	1.070	1.063	1.057	1.053	1.050	1.048	1.046	1.045	1.044	1.043	1.042	1.041	1.041
r_2 max	1.048	1.048	1.048	1.048	1.048	1.048	1.048	1.048	1.048	1.048	1.048	1.048	1.048	1.048
r_1 min	1.048	1.036	1.042	1.036	1.032	1.029	1.027	1.025	1.023	1.022	1.021	1.020	1.020	1.019
r_2 min	1.042	1.036	1.038	1.036	1.034	1.031	1.029	1.027	1.024	1.022	1.019	1.016	1.014	1.011
r_1	1.066	1.059	1.056	1.050	1.046	1.043	1.041	1.039	1.038	1.036	1.035	1.035	1.034	1.033
r_2	1.046	1.044	1.045	1.044	1.043	1.042	1.042	1.041	1.040	1.039	1.038	1.037	1.037	1.036

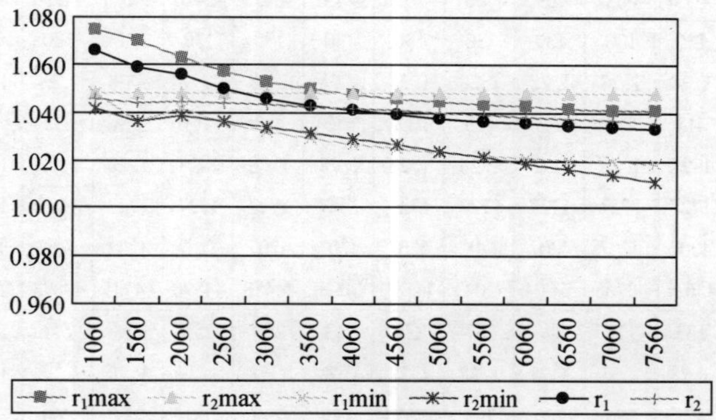

图 6-8 u_1 变化时 U/C 策略下利益协调参数的变化

2. 当 S_{01} 变化时（假定从 320 至 970 变化）

VMI 实施前后三种补货策下的库存决策参数见表 6-4；由表 6-4 三种补货策略下供应链总成本数据可得图 6-9 所示的趋势。从图中总成本曲线可以看出，在算例的参数下，实施 VMI 后采用一般的集中补货策略与 CRE 策略均可以降低供应链总成本，而且随着 S_{01} 的增加，CRE 策略相比一般的集中补货策略节约的优势逐步减少。然而，在此情况下，如实施 VMI，采用 CRE 策略仍然较优。

表 6-4　S_{01}变化时 VMI 实施前后三种补货策略下的库存决策参数

情况	S_{01}	320	370	420	470	520	570	620	670	720	770	820	870	920	970
U	n_1u	68	68	68	68	68	68	68	68	68	68	68	68	68	68
	z_1u	1.28	1.28	1.28	1.28	1.28	1.28	1.28	1.28	1.28	1.28	1.28	1.28	1.28	1.28
	R_1u	226	226	226	226	226	226	226	226	226	226	226	226	226	226
	tc_1u	7917	7917	7917	7917	7917	7917	7917	7917	7917	7917	7917	7917	7917	7917
	n_2u	80	80	80	80	80	80	80	80	80	80	80	80	80	80
	z_2u	1.28	1.28	1.28	1.28	1.28	1.28	1.28	1.28	1.28	1.28	1.28	1.28	1.28	1.28
	R_2u	1094	1094	1094	1094	1094	1094	1094	1094	1094	1094	1094	1094	1094	1094
	tc_2u	21527	21527	21527	21527	21527	21527	21527	21527	21527	21527	21527	21527	21527	21527
	q_0u	4052	4052	4052	4052	4052	4052	4052	4052	4052	4052	4052	4052	4052	4052
	tc_0u	16858	17123	17388	17653	17917	18182	18447	18711	18976	19241	19506	19770	20035	20300
	TCU	46303	46567	46832	47097	47361	47626	47891	48155	48420	48685	48950	49214	49479	49744
C	nc	130	130	130	130	130	130	130	130	130	130	130	130	130	130
	z_1c	1.28	1.28	1.28	1.28	1.28	1.28	1.28	1.28	1.28	1.28	1.28	1.28	1.28	1.28
	R_1c	413	413	413	413	413	413	413	413	413	413	413	413	413	413
	z_2c	1.28	1.28	1.28	1.28	1.28	1.28	1.28	1.28	1.28	1.28	1.28	1.28	1.28	1.28
	R_2c	1727	1727	1727	1727	1727	1727	1727	1727	1727	1727	1727	1727	1727	1727
	q_0c	4207	4207	4207	4207	4207	4207	4207	4207	4207	4207	4207	4207	4207	4207
	TCC	43489	43627	43766	43904	44043	44181	44320	44458	44596	44735	44873	45012	45150	45289
J	n_1j	186	133	111	246	257	238	243	256	253	238	249	257	243	237
	z_1j	1.28	1.28	1.28	1.28	1.28	1.28	1.28	1.28	1.28	1.28	1.28	1.28	1.28	1.28
	R_1j	581	422	356	760	793	737	751	790	781	737	769	793	751	734
	n_2j	80	84	83	83	84	81	80	87	84	157	84	78	85	160
	z_2j	1.28	1.28	1.28	1.28	1.28	1.28	1.28	1.28	1.28	1.28	1.28	1.28	1.28	1.28
	R_2j	1094	1144	1132	1132	1144	1106	1094	1182	1144	2068	1144	1068	1157	2106
	q_oj	4117	4097	4083	4158	4167	4149	4149	4174	4165	4340	4163	4153	4162	4347
	TCJ	46206	46264	46350	46363	46435	46434	46392	46861	46743	47216	46919	47069	47193	47351

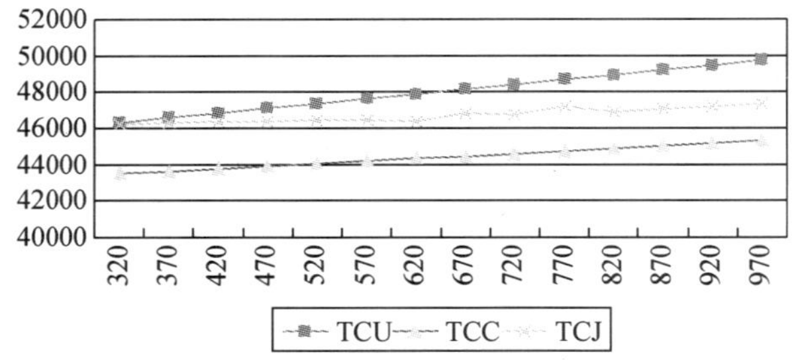

图 6-9　S_{01}变化时三种策略下供应链总库存成本

接下来再考察 U/C 两种情形下的协调参数变化，计算结果见表 6－5；协调参数的变化如图 6－10 所示。从参数的变化图可以看出，随着 S_{01} 的增加，除了 $r_1\max$、$r_2\max$ 没有变化外，其他均呈下降趋势。这说明，随着 S_{01} 的增大，供应商采用最优的 CRE 策略补货时降低的成本更多，分销商也可以相应获得更多的利润，以分享 VMI 的成果。另外也发现，随着 S_{01} 的增大，$r_1\min$ 下降得要明显，这说明 S_{01} 比较大时，为吸引分销商 1 实施 VMI，供应商给分销商 1 的价格因子下限相对来说可以更低。

表 6－5　S_{01} 变化时 U/C 策略下利益协调参数

S_{01}	320	370	420	470	520	570	620	670	720	770	820	870	920	970
$r_1$max	1.075	1.075	1.075	1.075	1.075	1.075	1.075	1.075	1.075	1.075	1.075	1.075	1.075	1.075
$r_2$max	1.048	1.048	1.048	1.048	1.048	1.048	1.048	1.048	1.048	1.048	1.048	1.048	1.048	1.048
$r_1$min	1.048	1.047	1.046	1.045	1.043	1.042	1.041	1.040	1.039	1.037	1.036	1.035	1.034	1.033
$r_2$min	1.042	1.041	1.041	1.041	1.040	1.040	1.040	1.040	1.039	1.039	1.039	1.038	1.038	1.038
r_1	1.066	1.065	1.065	1.065	1.064	1.064	1.063	1.063	1.063	1.062	1.062	1.061	1.061	1.061
r_2	1.046	1.046	1.046	1.045	1.045	1.045	1.045	1.045	1.045	1.045	1.045	1.045	1.045	1.045

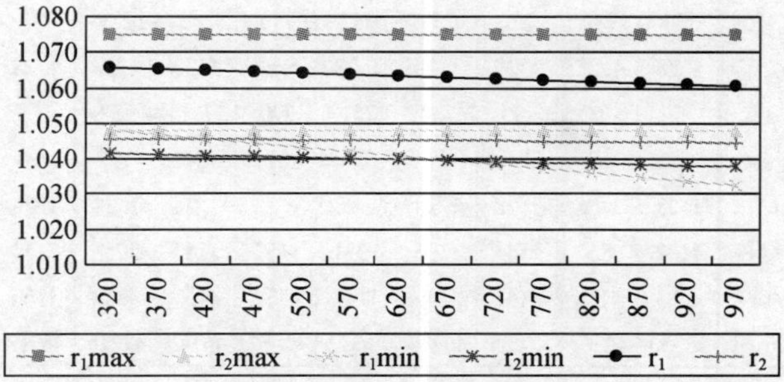

图 6－10　S_{01} 变化时 U/C 策略下利益协调参数的变化

3. 当 S_1 变化时（假定从 240 至 890 变化）

VMI 实施前后三种补货策下的库存决策参数见表 6－6。由表 6－6 三种补货策略下供应链总成本数据，可得趋势图 6－11。从图中的总成本曲线可以看出，在算例的参数下，实施 VMI 后采用一般的集中补货策略对供应链总成本的降低并不明显，CRE 策略相比一般的集中补货策略要好。而且随着 S_1 的增加，CRE 策略对总成本的降低幅度比较平稳。

表 6-6　S_1 变化时 VMI 实施前后三种补货策略下的库存决策参数

情况	S_1	240	290	340	390	440	490	540	590	640	690	740	790	840	890
U	n_1u	68	75	81	87	93	98	103	107	112	116	120	124	128	132
	z_1u	1.28	1.28	1.28	1.28	1.28	1.28	1.28	1.28	1.28	1.28	1.28	1.28	1.28	1.28
	R_1u	226	248	266	284	302	317	332	344	359	371	383	395	407	419
	tc_1u	7917	8168	8399	8612	8812	9001	9181	9352	9516	9674	9826	9973	10116	10254
	n_2u	80	80	80	80	80	80	80	80	80	80	80	80	80	80
	z_2u	1.28	1.28	1.28	1.28	1.28	1.28	1.28	1.28	1.28	1.28	1.28	1.28	1.28	1.28
	R_2u	1094	1094	1094	1094	1094	1094	1094	1094	1094	1094	1094	1094	1094	1094
	tc_2u	21527	21527	21527	21527	21527	21527	21527	21527	21527	21527	21527	21527	21527	21527
	q_0u	4052	4056	4059	4062	4066	4068	4071	4073	4076	4078	4080	4083	4085	4087
	tc_0u	16858	16678	16545	16427	16322	16243	16170	16115	16051	16002	15956	15912	15870	15830
	TCU	46303	46373	46470	46566	46662	46771	46878	46994	47094	47203	47310	47413	47513	47611
C	nc	130	130	130	130	130	130	130	130	130	130	130	130	130	130
	z_1c	1.28	1.28	1.28	1.28	1.28	1.28	1.28	1.28	1.28	1.28	1.28	1.28	1.28	1.28
	R_1c	413	413	413	413	413	413	413	413	413	413	413	413	413	413
	z_2c	1.28	1.28	1.28	1.28	1.28	1.28	1.28	1.28	1.28	1.28	1.28	1.28	1.28	1.28
	R_2c	1727	1727	1727	1727	1727	1727	1727	1727	1727	1727	1727	1727	1727	1727
	q_0c	4207	4207	4207	4207	4207	4207	4207	4207	4207	4207	4207	4207	4207	4207
	TCC	43489	43627	43766	43904	44043	44181	44320	44458	44596	44735	44873	45012	45150	45289
J	n_1j	186	133	111	246	257	238	243	256	253	238	249	257	243	237
	z_1j	1.28	1.28	1.28	1.28	1.28	1.28	1.28	1.28	1.28	1.28	1.28	1.28	1.28	1.28
	R_1j	581	422	356	760	793	737	751	790	781	737	769	793	751	734
	n_2j	80	84	83	83	84	81	80	87	84	157	84	78	85	160
	z_2j	1.28	1.28	1.28	1.28	1.28	1.28	1.28	1.28	1.28	1.28	1.28	1.28	1.28	1.28
	R_2j	1094	1144	1132	1132	1144	1106	1094	1182	1144	2068	1144	1068	1157	2106
	q_oj	4117	4097	4083	4158	4167	4149	4149	4174	4165	4340	4163	4153	4162	4347
	TCJ	46206	46264	46350	46363	46435	46434	46392	46861	46743	47216	46919	47069	47193	47351

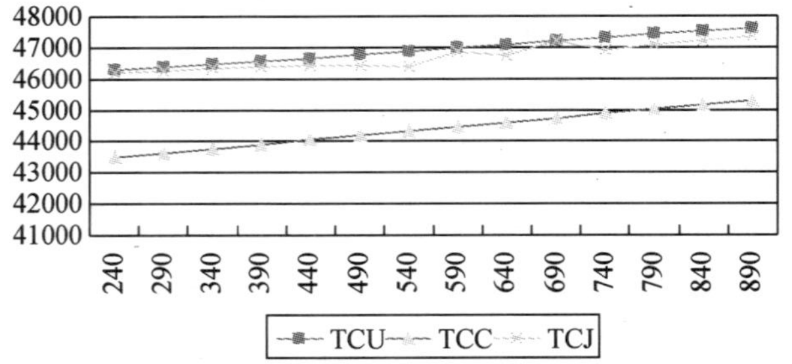

图 6-11　S_1 变化时三种策略下供应链总库存成本

接下来再来考察 U/C 两种情况下的协调参数变化，计算结果见表 6－7；协调参数的变化如图 6－12 所示。从图中可以看出，随着 S_1 的增加，除了 $r_2$min、$r_2$max、r_2 几乎没有变化外，其他参数均呈上升趋势。这说明，随着 S_1 的增大，原来由分销商 1 承担的订货费，在 CRE 策略下，尽管有供应商承担，但仍然应该由分销商 1 通过增大 r_1 的方式对供应商进行补偿。

表 6－7 S_1 变化时 U/C 策略下利益协调参数

S_1	240	290	340	390	440	490	540	590	640	690	740	790	840	890
r_1 max	1.075	1.077	1.079	1.081	1.083	1.085	1.087	1.088	1.090	1.091	1.093	1.094	1.095	1.097
r_2 max	1.048	1.048	1.048	1.048	1.048	1.048	1.048	1.048	1.048	1.048	1.048	1.048	1.048	1.048
r_1 min	1.048	1.051	1.054	1.056	1.058	1.060	1.062	1.064	1.066	1.068	1.070	1.071	1.073	1.075
r_2 min	1.042	1.042	1.042	1.042	1.042	1.042	1.042	1.042	1.042	1.042	1.042	1.043	1.043	1.043
r_1	1.066	1.068	1.071	1.073	1.075	1.077	1.079	1.080	1.082	1.084	1.085	1.087	1.088	1.089
r_2	1.046	1.046	1.046	1.046	1.046	1.046	1.046	1.046	1.046	1.046	1.046	1.046	1.046	1.046

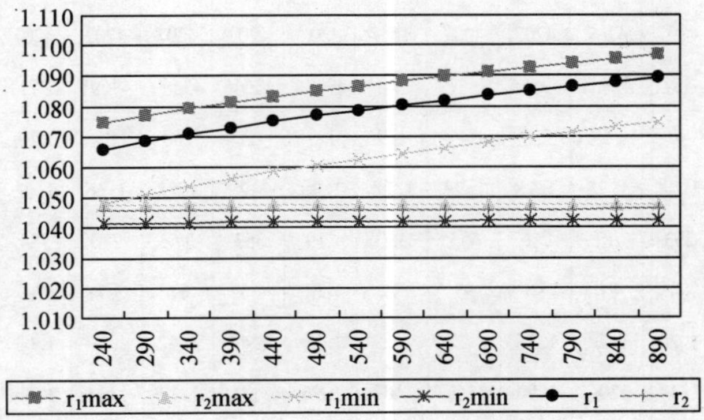

图 6－12 S_1 变化时 U/C 策略下利益协调参数的变化

4. 当 b 变化时（假定从 3 至 55 变化）

VMI 实施前后三种补货策略下的库存决策参数如表 6－8 所示：

表 6-8　*b* 变化时 VMI 实施前后三种补货策略下的库存决策参数

情况	*b*	3	7	11	15	19	23	27	31	35	39	43	47	51	55
U	n_1u	68	68	68	69	69	69	69	69	69	68	68	68	68	68
	z_1u	1.28	1.28	1.28	1.28	1.28	1.28	1.37	1.45	1.51	1.57	1.62	1.66	1.70	1.74
	R_1u	226	226	226	230	230	230	230	231	232	229	230	230	230	231
	tc_1u	7917	7926	7935	7944	7953	7962	7970	7977	7983	7988	7992	7996	8000	8003
	n_2u	80	80	80	80	80	80	80	80	80	80	80	80	80	80
	z_2u	1.28	1.28	1.28	1.28	1.28	1.30	1.39	1.46	1.53	1.58	1.63	1.67	1.71	1.75
	R_2u	1094	1094	1094	1094	1094	1094	1096	1098	1100	1101	1102	1103	1104	1105
	tc_2u	21527	21548	21568	21589	21610	21630	21648	21663	21676	21688	21698	21707	21715	21722
	q_0u	4052	4052	4052	4053	4053	4053	4053	4053	4053	4052	4052	4052	4052	4052
	tc_0u	16858	16858	16858	16831	16831	16831	16831	16831	16831	16858	16858	16858	16858	16858
	TCU	46303	46332	46362	46364	46394	46423	46449	46471	46490	46534	46549	46562	46574	46584
C	nc	130	130	130	130	130	130	130	130	130	130	130	130	130	130
	z_1c	1.28	1.28	1.28	1.28	1.28	1.28	1.28	1.28	1.28	1.28	1.28	1.33	1.37	1.41
	R_1c	413	413	413	413	413	413	413	413	413	413	413	414	414	415
	z_2c	1.28	1.28	1.28	1.28	1.28	1.28	1.28	1.28	1.28	1.32	1.38	1.43	1.47	1.51
	R_2c	1727	1727	1727	1727	1727	1727	1727	1727	1727	1728	1730	1731	1733	1734
	q_0c	4207	4207	4207	4207	4207	4207	4207	4207	4207	4207	4207	4207	4207	4207
	TCC	43489	43511	43534	43556	43579	43601	43624	43646	43669	43691	43711	43729	43746	43761
J	n_1j	186	90	253	231	144	119	129	120	250	85	120	115	112	129
	z_1j	1.28	1.28	1.28	1.28	1.28	1.28	1.28	1.28	1.28	1.46	1.32	1.39	1.45	1.42
	R_1j	581	293	781	716	455	380	410	383	772	280	384	369	361	412
	n_2j	80	84	81	80	85	81	80	83	81	81	79	80	80	80
	z_2j	1.28	1.28	1.28	1.28	1.28	1.29	1.39	1.44	1.52	1.57	1.63	1.67	1.71	1.75
	R_2j	1094	1144	1106	1094	1157	1107	1096	1136	1112	1113	1089	1103	1104	1105
	q_oj	4117	4073	4158	4143	4106	4082	4085	4088	4156	4064	4078	4078	4076	4085
	TCJ	46206	46230	46010	46119	46354	46018	45989	46208	46162	46272	46259	46060	46076	46105

从表 6-8 的补货策略数值结果中可以发现，随着 *b* 的增加，当达到临界值时，分销商的最优安全系数不再是 1.28（对应于服务水平为 90% 的安全系数），

而是高于这一数值。而且在此临界值之后，最优的安全系数随着 b 的增加而增加。这与缺货成本的增加要求加大安全库存量这一特点相吻合。由表 6 - 8 三种补货策略下供应链总成本数据，可得图 6 - 13 所示的趋势图。

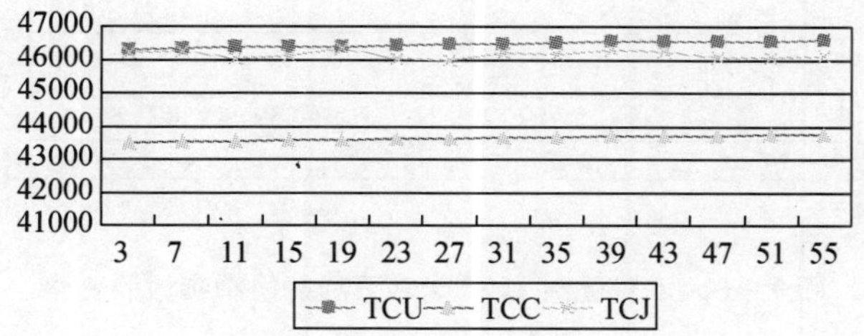

图 6 - 13 b 变化时三种策略下供应链总库存成本

从图 6 - 13 的总成本曲线可以看出，在算例的参数下，实施 VMI 后采用一般的集中补货策略对供应链总成本的降低并不明显，CRE 策略相比一般的集中补货策略要好。而且随着 b 的增加，CRE 策略对总成本的降低幅度比较平稳。

接下来再考察 U/C 两种情况下的协调参数变化，计算结果见表 6 - 9。协调参数的变化见图 6 - 14。从图中可以看出，尽管 b 在不断增加，$r_1$min、$r_1$max、$r_2$min、$r_2$max、r_1、r_2 却没有多大变化，说明这些参数对 b 不是特别敏感。

表 6 - 9 b 变化时 U/C 策略下利益协调参数

b	3	7	11	15	19	23	27	31	35	39	43	47	51	55
$r_1$max	1.075	1.075	1.075	1.075	1.075	1.075	1.075	1.075	1.075	1.075	1.075	1.075	1.075	1.076
$r_2$max	1.048	1.048	1.048	1.048	1.048	1.048	1.048	1.048	1.048	1.048	1.048	1.048	1.048	1.048
$r_1$min	1.048	1.048	1.048	1.048	1.048	1.048	1.049	1.049	1.049	1.049	1.049	1.049	1.049	1.049
$r_2$min	1.042	1.042	1.042	1.042	1.042	1.042	1.042	1.042	1.042	1.042	1.042	1.042	1.042	1.042
r_1	1.066	1.066	1.066	1.066	1.066	1.066	1.066	1.066	1.066	1.066	1.066	1.067	1.067	1.067
r_2	1.046	1.046	1.046	1.046	1.046	1.046	1.046	1.046	1.046	1.046	1.046	1.046	1.046	1.046

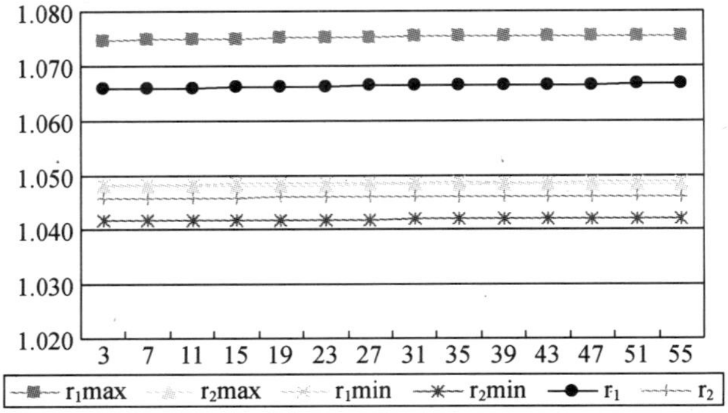

图 6-14 *b* 变化时 U/C 策略下利益协调参数的变化

5. 当 S_p 变化时（假定从 1500 至 8000 变化）

VMI 实施前后三种补货策略下的库存决策参数见表 6-10：

表 6-10 S_p 变化时 VMI 实施前后三种补货策略下的库存决策参数

情况	S_p	1500	2000	2500	3000	3500	4000	4500	5000	5500	6000	6500	7000	7500	8000
U	n_1u	68	68	68	68	68	68	68	68	68	68	68	68	68	68
	z_1u	1. 28	1. 28	1. 28	1. 28	1. 28	1. 28	1. 28	1. 28	1. 28	1. 28	1. 28	1. 28	1. 28	1. 28
	R_1u	226	226	226	226	226	226	226	226	226	226	226	226	226	226
	tc_1u	7917	7917	7917	7917	7917	7917	7917	7917	7917	7917	7917	7917	7917	7917
	n_2u	80	80	80	80	80	80	80	80	80	80	80	80	80	80
	z_2u	1. 28	1. 28	1. 28	1. 28	1. 28	1. 28	1. 28	1. 28	1. 28	1. 28	1. 28	1. 28	1. 28	1. 28
	R_2u	1094	1094	1094	1094	1094	1094	1094	1094	1094	1094	1094	1094	1094	1094
	tc_2u	21527	21527	21527	21527	21527	21527	21527	21527	21527	21527	21527	21527	21527	21527
	q_0u	2708	2957	3168	3352	3517	3666	3804	3932	4052	4165	4271	4373	4469	4562
	tc_0u	10375	11356	12264	13116	13925	14699	15444	16162	16858	17535	18194	18837	19466	20082
	TCU	39820	40800	41708	42560	43370	44143	44888	45606	46303	46979	47638	48281	48910	49526
C	nc	129	129	129	129	130	130	130	130	130	130	130	130	130	130
	z_1c	1. 28	1. 28	1. 28	1. 28	1. 28	1. 28	1. 28	1. 28	1. 28	1. 28	1. 28	1. 28	1. 28	1. 28
	R_1c	410	410	410	410	413	413	413	413	413	413	413	413	413	413
	z_2c	1. 28	1. 28	1. 28	1. 28	1. 28	1. 28	1. 28	1. 28	1. 28	1. 28	1. 28	1. 28	1. 28	1. 28
	R_2c	1714	1714	1714	1714	1727	1727	1727	1727	1727	1727	1727	1727	1727	1727
	q_0c	2871	3117	3326	3508	3675	3823	3960	4088	4207	4319	4425	4526	4622	4714
	TCC	37295	38222	39085	39898	40672	41413	42128	42819	43489	44141	44777	45398	46006	46601

续表

情况	S_p	1500	2000	2500	3000	3500	4000	4500	5000	5500	6000	6500	7000	7500	8000
J	n_1j	254	134	153	130	84	92	100	101	117	224	124	158	246	131
	z_1j	1.28	1.28	1.28	1.28	1.28	1.28	1.28	1.28	1.28	1.28	1.28	1.28	1.28	1.28
	R_1j	784	425	482	413	275	299	323	326	374	695	395	497	760	416
	n_2j	83	84	82	80	81	85	158	84	85	158	79	160	157	80
	z_2j	1.28	1.28	1.28	1.28	1.28	1.28	1.28	1.28	1.28	1.28	1.28	1.28	1.28	1.28
	R_2j	1132	1144	1119	1094	1106	1157	2081	1144	1157	2081	1081	2106	2068	1094
	q_0j	2827	3005	3221	3387	3528	3691	4013	3960	4091	4446	4300	4617	4758	4596
	TCJ	39826	40703	41560	42124	43131	44109	45010	45434	46165	47237	47354	48233	48919	49032

从表 6－10 中的数据可以看出，S_p 的变化对供应商的补货决策 q_0 及供应商的成本影响较大，且均随着 S_p 的增加而增加。由表中三种补货策略下供应链总成本数据，可得如图 6－15 所示的趋势。从总成本曲线图可以看出，实施 VMI 后采用一般的集中补货策略对供应链总成本的降低并不明显，CRE 策略相比一般的集中补货策略要好。然而，随着 S_p 的增加，CRE 策略对总成本的降低幅度仍然比较平稳。

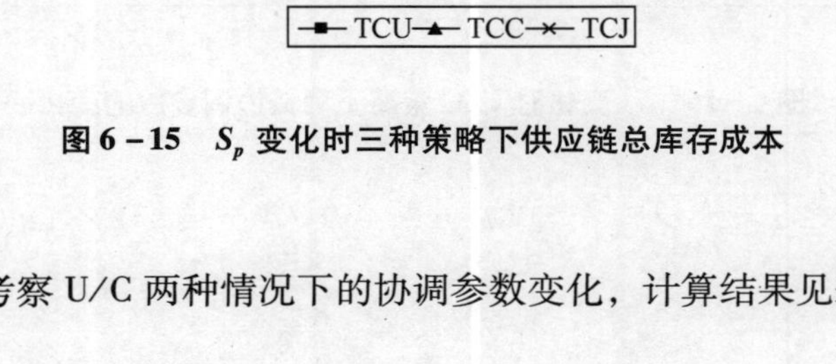

图 6－15　S_p 变化时三种策略下供应链总库存成本

接下来再考察 U/C 两种情况下的协调参数变化，计算结果见表 6－11。

表 6－11　S_p 变化时 U/C 策略下利益协调参数

S_p	1500	2000	2500	3000	3500	4000	4500	5000	5500	6000	6500	7000	7500	8000
r_1 max	1.075	1.075	1.075	1.075	1.075	1.075	1.075	1.075	1.075	1.075	1.075	1.075	1.075	1.075
r_2 max	1.048	1.048	1.048	1.048	1.048	1.048	1.048	1.048	1.048	1.048	1.048	1.048	1.048	1.048
r_1 min	1.051	1.050	1.050	1.050	1.049	1.049	1.049	1.048	1.048	1.048	1.048	1.047	1.047	1.047
r_2 min	1.042	1.042	1.042	1.042	1.042	1.042	1.042	1.042	1.042	1.042	1.041	1.041	1.041	1.041
r_1	1.067	1.067	1.066	1.066	1.066	1.066	1.066	1.066	1.066	1.066	1.066	1.066	1.066	1.065
r_2	1.046	1.046	1.046	1.046	1.046	1.046	1.046	1.046	1.046	1.046	1.046	1.046	1.046	1.046

表6－11 协调参数的变化如图6－16 所示。从图中可以看出，尽管 S_p 在不断增加，$r_1$min、$r_1$max、$r_2$min、$r_2$max、r_1、r_2 却没有多大变化，说明这些参数对 S_p 也不是特别敏感。

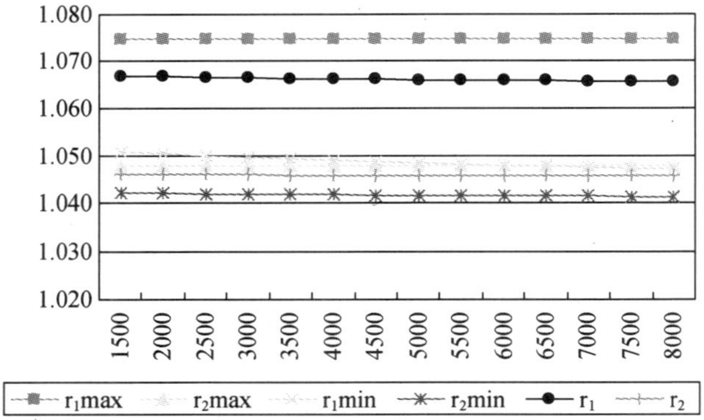

图 6－16　S_p 变化时 U/C 策略下利益协调参数的变化

第五节　本章小结

本章研究了随机需求下单供应商两分销商的 VMI 协调问题。本章分三种情形建立了 VMI 实施前后供应商与分销商补货决策模型。这三种情形是：①VMI 实施前的分散决策模型；②VMI 实施后基于共同补货期的时间协调决策模型；③VMI实施后一般的集中决策模型（分销商的补货时间不协调）。由于 VMI 的实施使库存成本发生了转移，本章提出了价格补贴的协调机制以协调供应商与分销商的利益，并用算例对库存决策及协调机制设计进行了验证。算例研究表明：实施 VMI 后采用基于共同补货期的时间协调决策模型能够降低供应链总成本，当采用 EA 方法进行利益协调时，在设计的价格系数下，供应商与两分销商均有不同程度的获利。参数敏感性分析显示：①随着 u_1 的增大，供应商采用最优的 CRE 策略补货时降低的成本更多，分销商也可以相应获得更多的利润，以分享 VMI 的成果；②随着 S_{01} 的增大，$r_1\min$ 下降得要明显，这说明 S_{01} 比较大时，为吸引分销商 1 实施 VMI，供应商给分销商 1 的价格因子下限相对来说可以更低；③随着 S_1 的增大，$r_1\min$、$r_1\max$ 也增大，说明原来由分销商 1 承担的订货费，在 CRE 策略下，尽管由供应商承担，但仍然应该由分销商 1 通过增大 r_1 的方式对供应商进行补偿；④b 和 S_p 变化对参数 $r_1\min$、$r_1\max$、$r_2\min$、$r_2\max$ 等影响不大，说明 $r_1\min$、$r_1\max$、$r_2\min$、$r_2\max$ 等参数对 b、S_p 不是特别敏感。

应该指出的是，利益协调参数的确定，关系到 VMI 实施各方的所得利益，最终将影响 VMI 的实施，本书研究的价格系数范围为 VMI 的利益协调提供了一个参考。但价格系数的具体取值可根据实施各方的谈判力量及协议的利益分享原则确定。另外，文中模型虽然考虑需求随机的情形，但是提前期确定，今后可进一步考虑需求与提前期均随机情形下的协调。

第七章　总结与展望

第一节　全书总结

本书在总结分析了有关 VMI、一般供应链协调相关文献的基础上，结合 VMI 实施中遇到的问题，对单供应商两分销商的 VMI 协调进行研究，主要是针对单供应商两分销商的 VMI 的补货策略及利益协调机制进行设计，主要研究内容包括：

（1）单供应商两分销商的 VMI 协调问题分析。主要阐述供应链协调的基本概念，分析单供应商两分销商 VMI 供应链协调的关键问题以及协调机制设计的要求，构建单供应商两分销商 VMI 供应链协调策略框架。

（2）确定需求下单供应商两分销商的 VMI 协调研究。构建了确定需求下单供应商两分销商的 VMI 系统基于整数比时间协调的补货发货模型，该策略在建模过程中既考虑了供应商自身库存补充率有限的情形，同时供应商与分销商之间的补货采用非 lot – for – lot 方式，可以弥补 Gurnani（2001）、Wang 等（2004）和 Zhang 等（2007）研究的不足。在补货策略的基础上，运用合作博弈的 Shapley 值法对 VMI 实施后的库存成本分担进行重新分配设计，以获得一个供应商与两分销商均满意的成本分担方案。

（3）动态需求下单供应商两分销商的 VMI 协调研究。构建了动态需求下单供应商两分销商的 VMI 系统补货发货模型，考虑了一种分段的运输成本函数以及带服务水平约束的两级 VMI 供应链。在模型的处理上也与其他方法不同，通过对模型的转换，采用混合整数规划方法求解，避免了用动态规划方法求解过程中补货发货规则的推导。设计了收益分享机制协调 VMI 实施后供应商与分销商的利益。

（4）随机需求下单供应商两分销商的 VMI 协调研究。构建了单供应商两分销商的 VMI 系统在需求随机情况下的补货发货模型，假定需求服从正态分布，总成本函数中考虑分段的运输成本函数，带安全库存及服务水平约束，VMI 为供应商拥有库存的两级供应链。最后，设计了价格补贴机制协调 VMI 实施后供应商与分销商的利益，用算例验证了理论研究结果，并对算例参数进行敏感性分析，得出了一些有益的结论。

第二节 研究展望

本书从理论上对单供应商两分销商的 VMI 协调策略进行了探讨，着重对单供应商两分销商的 VMI 补货发货策略及利益协调机制进行设计，虽然得到了一些研究结论，但单供应商两分销商的 VMI 协调策略仍有很多方面有待深入研究：

（1）在补货策略方面，本书第四、第五章中多处对几种补货策略进行了对比分析，虽然建立了模型，并用数值结果进行了对比研究，但仍有一定局限性。后续的研究可考虑从解释方面或者理论上进行突破，对几种补货策略的优劣进行理论上的论证。

（2）本书针对一对二的 VMI 进行了研究，这只是一对多的供应链研究中基本的一种，后续研究可以将其扩充到一般的一对多的 VMI 供应链情形，对其补货策略及协调机制进行探讨。

（3）本书针对确定需求、动态需求以及随机需求下的协调进行了研究，但均将提前期视为常数或者将其忽略，当提前期随机时，需要对相应的补货发货策略及协调机制进行进一步的研究。

（4）本书研究中假定分销商的销售价格对需求没有影响，当分销商处客户的需求是价格的函数时，如何协调供应商与分销商的库存行为以及如何定价是今后可以继续研究的重要内容。

（5）当需求随机的情况时，采用模拟的方法，将随机性需求转换为确定性需求，从而运用确定性需求下的建模处理有关方法进行分析求解，也是今后可以尝试的一个方向。

附录1 第五章VMI协调后补货决策Lingo程序

```
model:
h0 =0.5;
h1 =1;
h2 =0.8;
sp =2500;
s01 =320;
s02 =700;
s1 =450;
s2 =600;
c0 =30;
c1 =50;
w =80;
g0 =3;! 满载时运输单价;
p0 =0.9;! 设定服务水平;
sets:
period/1..12/:d1,d2,Inv0,Inv1,Inv2,x,y1,y2,zeta0,zeta1,zeta2,thet1,thet2,tcy,
lambda0;
```

```
lamb/1..20/:lambda;
delt/1..20/:delta;
link1(lamb,period):lamb_p;! lambda 值矩阵:20 行 12 列;
link2(delt,period):delt_p;! delta 值矩阵:20 行 12 列;
k/1..20/:a,e;
endsets

max = @sum(period:(w - c0) * x - sp * zeta0 - s01 * zeta1 - s02 * zeta2 - Inv0 * h0 -
(Inv1 * h1 + s1 * zeta1) - (Inv2 * h2 + s2 * zeta2) - tcy);

posain = @sum(period:(c0 * x + sp * zeta0 + s01 * zeta1 + s02 * zeta2 + Inv0 * h0 +
(Inv1 * h1 + s1 * zeta1) + (Inv2 * h2 + s2 * zeta2) + tcy));! 式 5.38 后面参数;
@for(period(J)| J#GT#1:
Inv0(J) = Inv0(J - 1) + x(J) - y1(J) - y2(J);
Inv1(J) = Inv1(J - 1) + y1(J) - d1(J) + thet1(J);
Inv2(J) = Inv2(J - 1) + y2(J) - d2(J) + thet2(J););
Inv0(1) = x(1) - y1(1) - y2(1);! 计划期初库存为 0;
Inv1(1) = y1(1) - d1(1) + thet1(1);! 计划期初库存为 0;
Inv2(1) = y2(1) - d2(1) + thet2(1);! 计划期初库存为 0;
Inv0(12) = 0;! 计划期末库存为 0;
Inv1(12) = 0;! 计划期末库存为 0;
Inv2(12) = 0;! 计划期末库存为 0;

! 有补货发货,则相应 zeta 为 1,从而发生订货费;
@for(period(J): x(J) < = totaldemand * zeta0(J); y1(J) < = totaldemand * zeta1
(J); y2(J) < = totaldemand * zeta2(J));
totaldemand = @sum(period:d1 + d2);

@for(period(J):
```

```
@for(k(I)|I#GT#1:
lamb_p(I-1,J)<=delt_p(I-1,J)+delt_p(I,J);
lamb_p(20,J)<=delt_p(20,J);
lambda0(J)<=delt_p(1,J);
lambda0(J)+@sum(k(I):lamb_p(I,J))=1;! 21个lambda之和为1;
@sum(k(I):delt_p(I,J))=1;
@bin(zeta0(J));@bin(zeta1(J));@bin(zeta2(J));
@for(k(I):
@bin(delt_p(I,J));
);

thet1(J)<=(1-p0)*d1(J);! 服务水平约束;
thet2(J)<=(1-p0)*d2(J);! 服务水平约束;
tcy(J)=@sum(k(I):e(I)*lamb_p(I,J));! 第J期运输成本;
y1(J)+y2(J)=@sum(k(I):a(I)*lamb_p(I,J));! 第J期总发货数量;
);

@for(k(I)|@MOD(I,2)#EQ#0:
e(I)=g0*a(I);! 分段点运输成本;
e(I-1)=e(I));! 分段点运输成本;
data:
d1=320,300,360,400,550,600,450,400,540,560,630,480;
d2=630,740,800,570,700,830,800,920,900,730,830,670;
a=600,1000,1600,2000,2600,3000,3600,4000,4600,5000,5600,6000,6600,
7000,7600,8000,8600,9000,9600,10000;! 运输成本函数分段点;
enddata
end
```

附录 2　第六章 Matlab 程序

1. 主程序（求三个补货策略及利益协调参数）
2. unvmi 函数
3. crevmi 函数
4. AdapGA
5. fitness 函数
6. Dec
7. gk 函数
8. TtoR
9. TtoZ

```
% 主程序
clear
global l h0 h1 h2 b u1 u2 u0 sp s01 s02 s1 s2 sig1 sig2 c0 c1 p0 z0
%g 原始数据输入
l = 5/360;
h0 = 3;
h1 = 12;
h2 = 10;
```

```
b = 3;
u1 = 1060;
u2 = 4500;
u0 = u1 + u2;
sp = 5500;
s01 = 320;
s02 = 1000;
s1 = 240;
s2 = 600;
sig1 = 20;
sig2 = 50;
c0 = 0;
c1 = 0;
p0 = 0.9; %服务水平约束
z0 = norminv(p0,0,1); %服务水平约束对应的安全系数
i = 0
for u1 = 1060:500:8000
i = i + 1
[n1u,z1u,r1u,tc1u,n2u,z2u,r2u,tc2u,q0u,tc0u,tcu] = unvmi;
unvmiresult(1,i) = u1;
unvmiresult(2,i) = n1u;
unvmiresult(3,i) = z1u;
unvmiresult(4,i) = r1u;
unvmiresult(5,i) = tc1u;
unvmiresult(6,i) = n2u;
unvmiresult(7,i) = z2u;
unvmiresult(8,i) = r2u;
```

```
unvmiresult(9,i) =tc2u;
unvmiresult(10,i) =q0u;
unvmiresult(11,i) =tc0u;
unvmiresult(12,i) =tcu;
[nc,z1c,r1c,z2c,r2c,q0c,tcc] =crevmi;
crevmiresult(1,i) =u1;
crevmiresult(2,i) =nc;
crevmiresult(3,i) =z1c;
crevmiresult(4,i) =r1c;
crevmiresult(5,i) =z2c;
crevmiresult(6,i) =r2c;
crevmiresult(7,i) =q0c;
crevmiresult(8,i) =tcc;
[n1,z1j,r1j,n2,z2j,r2j,q0j,tcj] = AdapGA(@(n1,n2)fitness(n1,n2),6,261,80,
30,0.5,0.9,0.02,0.05,1);
GAresult(1,i) =u1;
GAresult(2,i) =n1;
GAresult(3,i) =z1j;
GAresult(4,i) =r1j;
GAresult(5,i) =n2;
GAresult(6,i) =z2j;
GAresult(7,i) =r2j;
GAresult(8,i) =q0j;
GAresult(9,i) =tcj;
end
unvmiresult
crevmiresult
```

```
GAresult

%以下根据 U/C 两个补货策略求协调值 r
i = 0
for u1 = 1060:500:8000
i = i + 1
c1 = 100
tc0u = unvmiresult(11,i);
tc1u = unvmiresult(5,i);
tc2u = unvmiresult(9,i);
tcu = tc0u + tc1u + tc2u;
tc0p = crevmiresult(8,i);

r1max = 1 + tc1u/(c1 * u1);
r2max = 1 + tc2u/(c1 * u2);
r1min = (u1 + u2 + (tc0p - tc0u)/c1 - u2 * r2max)/u1;
r2min = (u1 + u2 + (tc0p - tc0u)/c1 - u1 * r1max)/u2;
%平分利润时候
r1 = 1 + (tc1u - (tcu - tc0p)/3)/(c1 * u1);
r2 = 1 + (tc2u - (tcu - tc0p)/3)/(c1 * u2);
allocate(1,i) = u1;
allocate(2,i) = r1max;
allocate(3,i) = r2max;
allocate(4,i) = r1min;
allocate(5,i) = r2min;
allocate(6,i) = r1;
allocate(7,i) = r2;
```

```
end
allocate
save u10101   %将空间中的变量保存
xlswrite('unvmiresult. xls',unvmiresult)
xlswrite('crevmiresult. xls',crevmiresult)
xlswrite('GAresult. xls',GAresult)
xlswrite('allocate. xls',allocate)

function [n1u,z1u,r1u,tc1u,n2u,z2u,r2u,tc2u,q0u,tc0u,tcu] = unvmi()
global l h0 h1 h2 b u1 u2 u0 sp s01 s02 s1 s2 sig1 sig2 c0 c1 p0 z0
nmin = l * 360; % 以天计算,补货间隔大于提前期
nmax = 200; % 以天计算,分销商 1 补货间隔的最大值
tc1uopt = 10^8; % 为了找到不协调情况下分销商 1 最小总成本赋初值;
tc2uopt = 10^8; % 为了找到不协调情况下分销商 2 最小总成本赋初值;
tcopt = 10^8; % 为了找到协调情况下供应链最小总成本赋初值;
z0 = norminv(p0,0,1); % 服务水平约束对应的安全系数
syms x
f = (2 * pi)^(-1/2) * exp(-x^2/2);
tgpoint1 = (1 - p0) * b/h1;
tgpoint2 = (1 - p0) * b/h2;
% 先求分销商 1 除运输成本外的库存成本
for n1 = nmin:1:nmax, % n1 表示用天数表示的分销商 1 的补货周期
t1 = n1/360;
% 对节点 1
if t1 > = tgpoint1
    z1u = z0; % z1u 表示未协调时节点 1 的安全系数
elseif (t1 < tgpoint1)&(norminv(1 - t1 * h1/b,0,1) < = z0)% 给定 t1,若 TCS 曲线
```

```
最低点的安全系数 zi(t1) < = z0
        z1u = z0;
else
        z1u = norminv(1 - t1 * h1/b,0,1);
end
fz1u = int(f,x, - inf,z1u); %fz1u 表示安全系数为 z1u 时的概率分布
tc1au = double(c1 * u1 + s1/t1 + t1 * u1 * h1/2 + z1u * sig1 * h1 * sqrt(t1 +l) + b/t1 *
sig1 * sqrt(t1 +l) * ((2 * pi)^( - 1/2) * exp( - z1u^2/2) - z1u + z1u * fz1u));%分
销商 1 除运输成本外的库存成本
%以下求分销商 1 运输成本
q1u = u1 * t1;  %每周期分销商 1 的平均订货量
tc1yu = u1 * gk(q1u); %分销商 1 总运输成本
%以下求分销商 1 总成本
tc1u = tc1au + tc1yu;
                    %获得最小总成本解
                if tc1u < tc1uopt
                        tc1uopt = tc1u;
                        n1uopt = n1;
                        z1uopt = z1u;
                        tc1auopt = tc1au;
                        tc1yuopt = tc1yu;
                end
end
r1uopt = u1 * (n1uopt/360 + l) + z1uopt * sig1 * sqrt(n1uopt/360 + l);
%输出分销商 1 最优决策参数
n1u = n1uopt;  %分销商 1 最小总成本对应的 n 值,即补货间隔天数
z1u = z1uopt;  %分销商 1 最小总成本对应的安全系数
```

```
r1u = r1uopt;   %分销商最佳补货订至水平
tc1u = tc1uopt;   %分销商1最小总成本值

%以下求分销商2除运输成本外的库存成本
for n2 = nmin:1:nmax, %n2表示用天数表示的分销商2的补货周期
t2 = n2/360;
%对节点2
if t2 >= tgpoint2
    z2u = z0;
elseif (t2 < tgpoint2)&(norminv(1 - t2 * h2/b,0,1) <= z0)%给定t2,若TCS曲线最低点的安全系数zi(t2) <= z0
    z2u = z0;
else
    z2u = norminv(1 - t2 * h2/b,0,1);
end
fz2u = int(f,x, -inf,z2u);
tc2au = double(c1 * u2 + s2/t2 + t2 * u2 * h2/2 + z2u * sig2 * h2 * sqrt(t2 +1) + b/t2 * sig2 * sqrt(t2 +1) * ((2 * pi)^( -1/2) * exp( -z2u^2/2) - z2u + z2u * fz2u));%分销商2除运输成本外的库存成本
%以下为求分销商2运输成本
q2u = u2 * t2; %每周期分销商2的平均订货量
tc2yu = u2 * gk(q2u); %分销商2总运输成本
%以下求分销商2总成本
tc2u = tc2au + tc2yu;
                %获得最小总成本解
                if tc2u < tc2uopt
                    tc2uopt = tc2u;
```

```
            n2uopt = n2;
            z2uopt = z2u;
            tc2auopt = tc2au;
            tc2yuopt = tc2yu;%年总运输成本
        end
end
r2uopt = u2 * (n2uopt/360 + 1) + z2uopt * sig2 * sqrt(n2uopt/360 + 1);
n2u = n2uopt;   %分销商 2 最小总成本对应的 n 值,即补货间隔天数
z2u = z2uopt;   %分销商 2 最小总成本对应的安全系数
r2u = r2uopt;   %分销商最佳补货订至水平
tc2u = tc2uopt;   %分销商 2 最小总成本值

%g 给定 t1 和 t2,求 q0
t1 = n1uopt/360;
t2 = n2uopt/360;
p = [h0/u0, -(t1 * u1 + t2 * u2) * h0/(2 * u0),0, -u0 * sp];
q0 = roots(p);
%提取 q0 的实根
for k = 1:length(q0)
    y(k) = isreal(q0(k));
end
q0 = q0(y);

%总成本函数,含运输成本
tc0u = c0 * u0 + u0 * sp/q0 + (q0^2/(2 * u0) - (t1 * u1 + t2 * u2) * q0/(2 * u0)) *
h0 + s01/t1 + s02/t2;
tcyu = tc1yuopt + tc2yuopt;
```

```
tcu = tc1uopt + tc2uopt + tc0u;
q0u = q0;

function [nc,z1c,r1c,z2c,r2c,q0c,tcc] = crevmi()
global l h0 h1 h2 b u1 u2 u0 sp s01 s02 s1 s2 sig1 sig2 c0 c1 p0 z0
% 情形二:VMI 环境下两分销商协调补货决策
nmin = l * 360; % 以天计算,补货间隔大于提前期
nmax = 200; % 以天计算,分销商 1 补货间隔的最大值
tcopt = 10^8; % 为了找到协调情况下供应链最小总成本赋初值

syms x
f = (2 * pi)^( -1/2) * exp( -x^2/2);
tgpoint1 = (1 - p0) * b/h1;
tgpoint2 = (1 - p0) * b/h2;
for n = nmin:1:nmax, % n 表示用天数表示的分销商补货周期
tg = n/360;
% 对节点 1
if tg >= tgpoint1
      z1 = z0;
elseif (tg < tgpoint1)&(norminv(1 - tg * h1/b,0,1) <= z0) % 给定 tg,若 TCS 曲线
最低点的安全系数 zi(tg) <= z0
      z1 = z0;
else
      z1 = norminv(1 - tg * h1/b,0,1);
end
% 分销商 1 总成本函数,不含运输成本
fz1 = int(f,x, -inf,z1);
```

```
tc1a = c1 * u1 + s1/tg + tg * u1 * h1/2 + z1 * sig1 * h1 * sqrt(tg + 1) + b/tg * sig1 *
sqrt(tg + 1) * ((2 * pi)^( - 1/2) * exp( - z1^2/2) - z1 + z1 * fz1);% 总成本,但不
含运输成本
tc1ab = double(tc1a);

% 对节点 2
if tg > = tgpoint2
    z2 = z0;
elseif (tg < tgpoint2)&(norminv(1 - tg * h2/b,0,1) < = z0) % 给定 tg,若 TCS 曲线
最低点的安全系数 zi(tg) < = z0
    z2 = z0;
else
    z2 = norminv(1 - tg * h2/b,0,1);
end
% 分销商 2 总成本函数,不含运输成本
fz2 = int(f,x, - inf,z2);
tc2a = c1 * u2 + s2/tg + tg * u2 * h2/2 + z2 * sig2 * h2 * sqrt(tg + 1) + b/tg * sig2 *
sqrt(tg + 1) * ((2 * pi)^( - 1/2) * exp( - z2^2/2) - z2 + z2 * fz2); % 总成本,但不
含运输成本
tc2ab = double(tc2a);

% 以下为求运输成本
q1 = u1 * tg;   % 每周期分销商 1 的平均订货量
q2 = u2 * tg;   % 每周期分销商 2 的平均订货量
q0 = q1 + q2;
tcy = u0 * gk(q0); % 年总运输成本
```

```
%g 给定 tg,求 q0
p = [h0/u0, -tg * h0/2,0, -u0 * sp];
q0 = roots(p);
%提取 q0 的实根
for k = 1:length(q0)
    y(k) = isreal(q0(k));
end
q0 = q0(y);

%供应商处成本
tc0 = c0 * u0 + u0 * sp/q0 + (q0^2/(2 * u0) - tg * q0/2) * h0 + s01/tg + s02/tg;

%总成本函数,含运输成本
tc = tc1ab + tc2ab + tc0 + tcy;
            %获得最小总成本解
             if tc < tcopt
                 tcopt = tc;
                 nopt = n;
                 z1opt = z1;
                 z2opt = z2;
                 q0c = q0;
                 tcyopt = tcy;
                 tc1abopt = tc1ab;
                 tc2abopt = tc2ab;
                 tc0gong = tc0;
             end
end
```

```
r1copt = u1 * (nopt/360 + l) + z1opt * sig1 * sqrt(nopt/360 + l);
r2copt = u2 * (nopt/360 + l) + z2opt * sig2 * sqrt(nopt/360 + l);
nc = nopt;      %最小总成本对应的 n 值,即补货间隔为 n/360 年
z1c = z1opt;
z2c = z2opt;
r1c = r1copt;
r2c = r2copt;
q0c;
tcc = tcopt;      %最小总成本值

function [n1,z1j,r1j,n2,z2j,r2j,q0j,tcj] = AdapGA(fitness,a1,a2,NP,NG,Pc1,
Pc2,Pm1,Pm2,eps)
global l h0 h1 h2 b u1 u2 u0 sp s01 s02 s1 s2 sig1 sig2 c0 c1 p0 z0
fbase = 0;
L = 16;
x = zeros(NP,L);
for i = 1:NP
    x(i,:) = Initial(L);
        fx(i) = fitness(Dec(a1,a2,x(i,1:L/2),L/2),Dec(a1,a2,x(i,L/2 + 1:
L),L/2));%个体适应值
end
for k = 1:NG
    sumfx = sum(fx);
    Px = fx/sumfx;
    PPx = 0;
    PPx(1) = Px(1);
    for i = 2:NP
```

```
        PPx(i) = PPx(i-1) + Px(i);
    end

    fmax = max(fx);
    if fmax > fbase
        fbase = fmax;
    end

    for i = 1:NP
        if fx(i) > = fbase
        n1L = Dec(a1,a2,x(i,1:L/2),L/2);
        n2L = Dec(a1,a2,x(i,L/2+1:L),L/2);
        break
        end
    end

    for i = 1:NP
        sita = rand();
        for n = 1:NP
            if sita < = PPx(n)
                SelFather = n;
                break;
            end
        end
        Selmother = floor(rand() * (NP-1)) + 1;
        posCut = floor(rand() * (L-2)) + 1;
        favg = sumfx/NP;
```

```
fitness_f = fx(SelFather);
fitness_m = fx(Selmother);
Fm = max(fitness_f,fitness_m);
if Fm > =favg
      Pc = Pc1 * (fmax - Fm)/(fmax - favg);
else
      Pc = Pc2;
end
r1 = rand();
if r1 < =Pc
      nx(i,1:posCut) = x(SelFather,1:posCut);
      nx(i,(posCut + 1):L) = x(Selmother,(posCut + 1):L);
      fmu = fitness(Dec(a1,a2,x(i,1:L/2),L/2),Dec(a1,a2,x(i,L/2 +
1:L),L/2));
      if fmu > =favg
            Pm = Pm1 * (fmax - fmu)/(fmax - favg);
      else
            Pm = Pm2;
      end
      r2 = rand();
      if r2 < =Pm
       posMut = round(rand() * (L - 1) +1);
       nx(i,posMut) = ~nx(i,posMut);
      end
      else
      nx(i,:) =x(SelFather,:);
```

```
        end
    end
    x = nx;
    for i = 1:NP
        fx(i) = fitness(Dec(a1,a2,x(i,1:L/2),L/2),Dec(a1,a2,x(i,L/2 + 1:
L),L/2)); % 子代个体适应值
    end
    plot(k,1/fmax,'r:. ')
    hold on
end
fv = -inf;

for i = 1:NP
    fitx(i) = fitness(Dec(a1,a2,x(i,1:L/2),L/2),Dec(a1,a2,x(i,L/2 + 1:L),
L/2));% 取子代个体最好适应值
    if fitx > fv
        fv = fitx;
        n1y = Dec(a1,a2,x(i,1:L/2),L/2);% 通过遗传算法最后一步进化得到
的最好值
        n2y = Dec(a1,a2,x(i,L/2 + 1:L),L/2);% 通过遗传算法最后一步进化
得到的最好值
    end
end
if fbase > fv
    fv = fbase;
    n1 = n1L;
    n2 = n2L;
```

```
else
    n1 = n1y;
    n2 = n2y;
end
tcj = 1/fv;
n1;
n2;

%g 给定 t1 和 t2,求 q0
p = [h0/u0, -(n1/360 * u1 + n2/360 * u2) * h0/(2 * u0),0, -u0 * sp];
q0 = roots(p);
%提取 q0 的实根
for k = 1:length(q0)
    y(k) = isreal(q0(k));
end
q0 = q0(y);

z1j = TtoZ(n1/360,h1,b,p0);
z2j = TtoZ(n2/360,h2,b,p0);
r1j = TtoR(u1,sig1,z1j,l,n1/360);
r2j = TtoR(u2,sig2,z2j,l,n2/360);
q0j = q0;
function F = fitness(n1,n2)
global l h0 h1 h2 b u1 u2 u0 sp s01 s02 s1 s2 sig1 sig2 c0 c1 p0 z0

t1 = n1/360;
t2 = n2/360;
```

```
syms x
f = (2 * pi)^( -1/2) * exp( -x^2/2);
tgpoint1 = (1 - p0) * b/h1;
tgpoint2 = (1 - p0) * b/h2;

% 对节点 1
if t1 > = tgpoint1
    z1u = z0; % z1u 表示未协调时节点 1 的安全系数
elseif (t1 < tgpoint1)&(norminv(1 - t1 * h1/b,0,1) < = z0)% 给定 t1,若 TCS 曲线最低点的安全系数 zi(t1) < = z0
    z1u = z0;
else
    z1u = norminv(1 - t1 * h1/b,0,1);
end
fz1u = int(f,x, -inf,z1u); % fz1u 表示安全系数为 z1u 时的概率分布
tc1au = double(c1 * u1 + s1/t1 + t1 * u1 * h1/2 + z1u * sig1 * h1 * sqrt(t1 + l) + b/t1 * sig1 * sqrt(t1 + l) * ((2 * pi)^( -1/2) * exp( -z1u^2/2) - z1u + z1u * fz1u));% 分销商 1 除运输成本外的库存成本
% 以下求分销商 1 运输成本
q1u = u1 * t1;   % 每周期分销商 1 的平均订货量
tc1yu = u1 * gk(q1u); % 分销商 1 总运输成本
% 以下求分销商 1 总成本
tc1u = tc1au + tc1yu;
% 对节点 2
if t2 > = tgpoint2
    z2u = z0;
elseif (t2 < tgpoint2)&(norminv(1 - t2 * h2/b,0,1) < = z0)% 给定 t2,若 TCS 曲线
```

```
最低点的安全系数zi(t2) < = z0
    z2u = z0;
else
    z2u = norminv(1 - t2 * h2/b,0,1);
end
fz2u = int(f,x, - inf,z2u);
tc2au = double(c1 * u2 + s2/t2 + t2 * u2 * h2/2 + z2u * sig2 * h2 * sqrt(t2 +1) + b/t2 *
sig2 * sqrt(t2 +1) * ((2 * pi)^( -1/2) * exp( - z2u^2/2) - z2u + z2u * fz2u));%分销
商2除运输成本外的库存成本
%以下为求分销商2运输成本
q2u = u2 * t2; %每周期分销商2的平均订货量
tc2yu = u2 * gk(q2u); %分销商2总运输成本
%以下求分销商2总成本
tc2u = tc2au + tc2yu;

%g 给定t1和t2,求q0
p = [h0/u0, -(t1 * u1 + t2 * u2) * h0/(2 * u0),0, -u0 * sp];
q0 = roots(p);
%提取q0的实根
for k = 1:length(q0)
    y(k) = isreal(q0(k));
end
q0 = q0(y);

%总成本函数,含运输成本
tc0u = c0 * u0 + u0 * sp/q0 + (q0^2/(2 * u0) - (t1 * u1 + t2 * u2) * q0/(2 * u0)) *
h0 + s01/t1 + s02/t2;
```

```
tcu = tc1u + tc2u + tc0u;
F = 1/tcu;


function y = Dec(a,b,x,L)
base = 2.^((L-1):-1:0);
y = dot(base,x);
y = a + y * (b-a)/(2^L-1);



function gk = gk(q)
g0 = 3;
g1 = 5;
ql = 1000;
rate = 0.4;
number = ceil(q/ql);
if (q>0)&(q<=(1-rate)*ql)
    gk = g1;
    elseif (q>(number-rate)*ql)&(q<=number*ql)
    gk = number*ql/q*g0;
    elseif (q>(number-1)*ql)&(q<=(number-rate)*ql)
    gk = (number-1)*ql/q*(g0-g1)+g1;
end

function [ropt] = TtoR(u,sig,z,l,t)
ropt = u*(t+l)+z*sig*sqrt(t+l);
function [zopt] = TtoZ(t,h,b,p0)
```

```
z0 = norminv(p0,0,1); %服务水平约束对应的安全系数
tgpoint = (1 - p0) * b/h;
if t > = tgpoint
    zopt = z0;
elseif (t < tgpoint)&(norminv(1 - t * h/b,0,1) < = z0)%给定t,若TCS曲线最低点之安全系数zi(t) < = z0
    zopt = z0;
else
    zopt = norminv(1 - t * h/b,0,1);
end
```

参考文献

[1] Achabal D. D. , Mcintyre S. H. , Smith S. A. , Kalyanam K. . A Decision Support System for Vendor Managed Inventory [J]. Journal of Retailing, 2000, 76 (4): 430 – 454.

[2] Angulo A. H. , Nachtmann, et al. . Supply Chain Information Sharing in a Vendor Managed Inventory Partnership [J]. Joumal of Business Logistics, 2004, 25 (1): 101 – 120.

[3] Anily S. , Tzur M. . Shipping Multiple – items by Capacitated Vehicles – an Optimal Dynamic Programming Approach [J]. Transportation Science, 2005 (39): 233 – 248.

[4] APICS. Win – Win VMI [J]. APICS Industry Watch, April 2003: 8.

[5] Arshinder, Arun Kanda, Deshmukh S. G. . Supply Chain Coordination: Perspectives, Empirical Studies and Research Directions [J]. International Journal of Production Economics, 2008, 115 (2): 316 – 335.

[6] Aviv, Yossi , Awi Federgruen. The Operational Benefits of Information Sharing and Vendor Managed Inventory (VMI) Programs [R]. Working Paper, Olin School of Business, Washington University in St. Louis, 1998.

[7] Aviv, Yossi. Planning Models for the Design of Capacitated Multi – stage Production and Distribution Systems [D]. Columbia University, 1998.

[8] Axsater S. . A Note on Stock Replenishment and Shipment Scheduling for Vendor – Managed Inventory Systems [J]. Management Science, 2001, 47 (9): 1306 – 1310.

[9] Banerjee A. . On "A Quantity Discount Pricing Model to Increase Vendor Profits" [J]. Management Science, 1986a, 32 (11): 1513 – 1517.

[10] Banerjee A. . A Joint Economic Lot – size Model for Purchaser and Vendor [J]. Decision Sciences, 1986b (17): 292 – 311.

[11] Ben – Daya M. , Hariga M. . Integrated Single Vendor Single Buyer Model with Stochastic Demand and Variable Lead Time [J]. International of Journal of Production Economics, 2004, 92 (1): 75 – 80.

[12] Bernstein F. , Chen F. , Federgruen A. . Coordinating Supply Chains With Simple Pricing Schemes: The Role of Vendor – Managed Inventories [J]. Management Science, 2006, 52 (10): 1483 – 1492.

[13] Bertazzi, Luca, Paletta, Giuseppe, Speranza M. , Grazia. Minimizing the Total Cost in an Integrated Vendor – managed Inventory System [J]. Supply Chain and Distribution Management, 2005, 11 (6): 393 – 419.

[14] Birendra K. , Mishra, Srinivasan Raghunathan. Retailer – vs. Vendor – managed Inventory and Brand Competition [J]. Management Science, 2004, 50 (4): 445 – 457.

[15] Cachon G. M. , Fisher. Campbellsoup's Continuous Product Replenishment Program: Evaluation and Enhanced Decision Rules [J]. Production Operation Management, 1997 (6): 266 – 275.

[16] Cachon G. P. . Stock War: Inventory Competition in a Two – echelon Supply Chain with Multiple Retailers [J]. Operations Research, 2001, 49 (5): 658 – 674.

[17] Cetinkaya S. , Chung – Yee Le. Stock Replenishment and Shipment Scheduling for Vendor Managed Inventory Systems [J]. Management Science, 2000, 46 (2): 217 – 232.

[18] Chaouch B. A.. Stock Levels and Delivery Rates in Vendor – managed Inventory Programs [J]. Production and Operations Management, 2001, 10 (1): 31 – 45.

[19] Chen F., Federgruen A., Zheng Y. S.. Coordination Mechanisms for a Distribution System with one Supplier and Multiple Retailers [J]. Management Science, 2001, 47 (5): 693 – 708.

[20] Chen F., Drezner Z., Ryan J. K., et al.. Quantifying the Bullwhip Effect in a Simply Supply Chain: the Impact of Forecasting, Lead Times and Information [J]. Management Science, 2000, 46 (3): 436 – 443.

[21] Ching, Wai – Ki Tai Allen H.. A Quantity – time Based Dispatching Policy for a VMI System [C]. International Conference on Computational Science and Its Applications, Singapore, 2005: 342 – 349.

[22] Chungsuk Ryu. An Investigation of Impacts of Advanced Coordination Mechanisms on Supply Chain Performance: Consignment, VMI I, VMI II, and CPFR [D]. State University of New York at Buffalo, 2006.

[23] Chyi Lee, Wai Hung Julius Chu. Who Should Control Inventory in a Supply Chain? [J]. European Journal of Operational Research, 2005 (164): 158 – 172.

[24] Cooke, James Aaron. VMI: Very Mixed Impact? [J]. Logistics Management and Distribution Report, 1998, 37 (12): 51.

[25] Darwish M. A., Goyal S. K.. Vendor – managed Inventory Model for Single – vendor Single – buyer Supply Chain [J]. International Journal of Logistics Systems and Management, 2011, 8 (3): 313 – 329.

[26] Disney S. M., Towill, D. R.. A. Procedure for the Optimization of the Dynamic Response of a Vendor Managed Inventory [J]. Computers & Industrial Engineering, 2002 (43): 27 – 58.

[27] Disney S. M., Potter A. T., Gardner B. M.. The Impact of Vendor Managed Inventory on Transport Operations [J]. Transportation Research Part E: Logistics and Transportation Review, 2003, 39 (5): 363 – 380.

[28] Disney S. M. , Towill D. R. . Vendor – managed Inventory and Bullwhip Reduction in a Two Level Supply Chain [J]. International Journal of Operations & Production Management, 2003, 23 (6): 625 – 651.

[29] Dong Yan, Kefeng Xu. A Supply Chain Model of Vendor Managed Inventory [J]. Transportation Research Part E, 2002, 38 (2): 75 – 95.

[30] Ertogral K. . Multi – item Single Source Ordering Problem with Transportation Cost: A Lagrangean Decomposition Approach [J]. European Journal of Operational Research, 2008, 191: 156 – 165.

[31] Eynan A. , Kropp D. H. . Effective and Simple EOQ – like Solutions for Stochastic Demand Periodic Review Systems [J]. European Journal of Operational Research, 2007 (180): 1135 – 1143.

[32] Forrester J. . Industrial Dynamics [M]. MIT Press, 1961.

[33] Fox, Mary Lou. Integrating Vendor – managed Inventory into Supply Chain Decision – making [C] . Annual International Conference Proceedings – American Production and Inventory Control Society, 1996: 126 – 128.

[34] Fraza V. . Streamlining the Channel [J]. Industrial Distribution, 1998, 87 (9): 73 – 74.

[35] Fry M. J. , Kapuscinski R. , Olsen T. . Coordinating Production and Delivery under a (z, Z) – type Vendor – managed – inventory Contract [J]. Manufacturing & Service Operations Management, 2001, 3 (2): 151 – 173.

[36] Gerard P. Cachon. The Allocation of Inventory Risk in a Supply Chain: Push, Pull, and Advance – purchase Discount Contracts [J]. Management Science, 2004, 50 (2): 222 – 238.

[37] Gerber N. . Objective Comparisons of Consignment, Just – in – time, and Stockless [J]. Hospital Material Management Quarterly, 1991, 13 (1): 10 – 17.

[38] Gnanasekaran, Nikesh. Vendor Managed Inventory – term Paper [R]. Working Paper, 2000.

[39] Gou Q., Liang L., Xu C., Zha Y.. A Modified Joint Inventory Policy for VMI Systems [J]. International Journal of Information Technology & Decision Making, 2008, 7 (2): 225 -240.

[40] Goyal S. K.. Determination of Optimal Production Quantity for a Two - stage Production System [J]. Operational Research Quarterly, 1977 (28): 865 -870.

[41] Gurnani H.. A Study of Quantity Discount Pricing Models with Different Ordering Structures: Order Coordination, Order Consolidation and Multi - tier Ordering Hierarchy [J]. International Journal of Production Economics, 2001, 72 (3): 203 -225.

[42] Haavik, Stan. Building a Demand - driven, Vendor - managed Supply Chain [J]. Healthcare Financial Management, 2000, 24 (2): 56 -61.

[43] Haisheng Yu, Amy Z., Zeng, Lindu Zhao. An Evolutionary Model for Supply Chain Partnerships System Based Evolutionary Game [J]. Computers & Industrial Engineering, 2009, 56 (1): 274 -282.

[44] Hariga M., Gumus M., Daghfous A., Goyal S. K.. A Vendor Managed Inventory Model Under Contractual Storage Agreement [J]. Computers & Operations Research, 2013 (40): 2138 -2144

[45] Hill R. M.. The Single - vendor Single - buyer Integrated Production - inventory Model with a Generalised Policy [J]. European Journal of Operational Research, 1997, 97 (3): 493 -499.

[46] Holmstrom J.. Business Process Innovation in the Supply Chain: A Case Study of Implementing Vendor Managed Inventory [J]. European Journal of Purchasing and Supply Management, 1998 (4): 127 -131.

[47] Hoque M., Goyal S. K.. A Heuristic Solution Procedure for an Integrated inventory System under Controllable Lead - time with Equal or Unequal Sized Batch Shipments between a Vendor and a Buyer [J]. International Journal of Production Economics, 2006, 102 (2): 217 -225.

[48] James R., Rich N., Francis M.. Vendor - managed Inventory: A Proces-

sual Approach [C] . Proceedings of the 6th International IPSERA Conference, Ischia, Italy, 1997: 24 -26.

[49] Jaruphongsa W. , Cetinkaya S. , Lee C. Y. . A Dynamic Lot - sizing Model with Multi - mode Replenishments: Polynomial Algorithms for Special Cases with Dual and Multiple Modes [J]. IIE Transaction, 2005 (37): 453 -467.

[50] Joglekar P. N. Comments on "A Quantity Discount Pricing Model to Increase Vendor Profits" [J]. Management Science, 1988 (34): 1391 -1398.

[51] Jonah Tyan, Hui_ Ming Wee. Vendor Managed Inventory: A Survey of the Taiwanese Grocery Industry [J]. Journal of Purchasing and Supply Management, 2003 (9): 11 -18.

[52] Kaipia R. , Holmstrom J. , Tanskanen K. . VMI: What are You Losing if You Let Your Customer Place Orders? [J]. Production Planning & Control, 2002, 13 (1): 17 -25.

[53] Kefeng Xu, Yan Dong, Philip T. Evers. Towards Better Coordination of the Supply Chain [J]. Transportation Research Part E, 2001 (37): 35 -54.

[54] Ki Ling Cheung, Hau L. Lee. The Inventory Benefit of Shipment Coordination and Stock Rebalancing in a Supply Chain [J]. Management Science, 2002, 48 (2): 300 -307.

[55] Kim K. H. , Hwang H. . An Incremental Discount Pricing Schedule with Multiple Customers and Single Price Break [J]. European Journal of Operational Research, 1988 (35): 71 -79.

[56] Klastorin T. D. , Moinzadeh K. , Son J. . Coordinating Orders in Supply Chains Through Price Discounts [J]. IIE Transactions, 2002, 34 (8): 663 -677.

[57] Kleywegt A. J. , Nori V. S. , Savelsbergh M. W. P. Dynamic Programming Approximations for a Stochastic Inventory Routing Problem [J]. Transportation Science, 2004, 38 (1): 42 -70.

[58] Kohli R. , Park H. . Coordinating Buyer - seller Transactions Across Multi-

ple Products [J] . Management Science, 1994 (40): 1145 –1150.

[59] Kraiselburd, Santiago V. G. , Narayanan, Ananth Raman. Contracting in a Supply Chain with Stochastic Demand and Substitute Products [J]. Production and Operations Management, 2004, 13 (1): 46 –62.

[60] Kuk G. . Effectiveness of Vendor – managed Inventory in the Electronics Industry: Determinants and Outcomes [J]. Information & Management, 2004, 41 (5): 645 –654.

[61] Kulp S. C. . The Effect of Information Precision and Information Reliability on Manufacturer – Retailer Relationships [J]. The Accounting Review, 2002, 77 (3): 653 –677.

[62] Lal R. , Staelin R. . An Approach for Developing an Optimal Discount Pricing Policy [J]. Management Science, 1984, 30 (12): 1524 –1539.

[63] Lee C. , Cetinkaya S. , Jaruphongsa W. . A Dynamic Model for Inventory Lot Sizing and Outbound Shipment Scheduling at a Third Party Warehouse [J]. Operations Research, 2003 (51): 35 –747.

[64] Lee H. , Rosenblatt M. J. . A. Generalized Quantity Discount Pricing Model to Increase Supplier's Profits [J]. Management Science, 1986 (32): 1177 –1185.

[65] Lee H. , Padmanabhan P. , Wang S. . Information Distortion in a Supply Chain: the Bullwhip Effect [J]. Management Science, 1997, 43 (4): 546 –548.

[66] Lee W. S. , Han J. H. , Cho S. J. . A Heuristic Algorithm for a Multi – product Dynamic Lot – sizing and Shipping Problem [J]. International Journal of Production Economics, 2005 (98): 204 –214.

[67] Liangyuh Ouyang, Kunshan Wu, Chiahuei Ho. Integrated Vendor – buyer Cooperative Models with Stochastic Demand in Controllable Lead Time [J]. Production Economics 2004, (92): 255 –266.

[68] Malon T. W. , Crowston K. . The Interdisciplinary Study of Coordination [J]. ACM Computing Surveys, 1994: 26 (1): 87 –119.

[69] McClellan M.. Collaborative Manufacturing [M]. St Lucie Press, Delray Beach, FL., 2003.

[70] Mishra A. K.. Selective Discount for Supplier – buyer Coordination Using Common Replenishment Epochs [J]. European Journal of Operational Research, 2004, 153 (3): 751 – 756.

[71] Monahan J. P.. A Quantitative Discount Pricing Model to Increase Vendor Profits [J]. Management Science, 1984, 30 (6): 720 – 726.

[72] Moses M., Seshadri S.. Policy Mechanisms for Supply Chain Coordination [J]. IIE Transactions, 2000 (32): 245 – 262.

[73] Nachiappan S., Jawahar N.. A Genetic Algorithm for Optimal Operating Parameters of VMI System in a Two – echelon Supply Chain [J]. European Journal of Operational Research, 2007 (182): 1433 – 1452.

[74] Nihat Altintas, Feryal Erhun, Sridhar Tayur. Quantity Discounts under Demand Uncertainty [J]. Management Science, 2008, 54 (4): 777 – 792.

[75] Nishant Kumar Verma, Abhishek Chakraborty, Ashis K. Chatterjee. Joint Replenishment of Multi Retailer with Variable Replenishment Cycle under VMI [J]. European Journal of Operational Research, 2014 (233): 787 – 789.

[76] Nolan K.. With Distributors in Mind, Northwestern Embraces VMI [J]. Metal Center News, 1998, 38 (3): 32 – 36.

[77] Norden L. V., Velde S. V. D.. Multi – product Lot – sizing with a Transportation Capacity Reservation Contract [J]. European Journal of Operational Research, 2005, 135 (1): 127 – 138.

[78] Pamela S. Donovan Joint Replenishment and Supply Chain Actions in the Retail Grocery Industry: Two Essays [D]. University of Maryland, 2006.

[79] Peter B. Southard. Extending Vendor – managed Inventory into Alternate Supply Chains: A Simulation Analysis of Costs and Service Levels [D]. University of Nebraska, 2001.

[80] Razmi J., Hosseini Rad R., Sangari M. S.. Developing a Two – echelon Mathematical Model for a Vendor – managed Inventory (VMI) System [J]. The International Journal of Advanced Manufacturing Technology, 2010 (48): 773 – 783.

[81] Reza Hosseini Rad, Jafar Razmi, Mohamad Sadegh Sangari, Zahra Fallah Ebrahimi. Optimizing an Integrated Vendor – managed Inventory System for a Single – vendor Two – buyer Supply Chain with Determining Weighting Factor for Vendor's Ordering Cost [J]. International Journal of Production Economics, 2014 (153): 295 – 308.

[82] Rizk N., Martel A., Ramudhin A.. A Lagrangean Relaxation Algorithm for Multi – item Lot – sizing Problems with Joint Piecewise Linear Resource Costs [J]. International Journal of Production Economics, 2006, 102 (2), 344 – 357.

[83] Rosenblatt M. J., Lee H. L.. Improving Profitability with Quantity Discounts Under Fixed Demand [J]. IIE Transactions, 1985, 17 (4): 388 – 395.

[84] Rusdiansyah, Ahmad, Tsao, De – Bi. Coordinating Deliveries and Inventories for a Supply Chain under Vendor Managed Inventory System [J]. Solid Mechanics and Material Engineering, 2005, 48 (2): 85 – 90.

[85] Sari K.. On the Benefits of CPFR and VMI: A Comparative Simulation Study [J]. International Journal of Production Economics, 2008, 113 (2): 575 – 586.

[86] Sari K.. Exploring the Benefits of Vendor Managed Inventory [J]. International Journal of Physical Distribution and Logistics Management, 2007, 37 (7): 529 – 545.

[87] Sila Cetinkaya, Fatih Mutlu, Chung – Yee Lee. A Comparison of Outbound Dispatch Policies for Integrated Inventory and Transportation Decisions [J]. European Journal of Operational Research, 2006 (171): 1094 – 1112.

[88] Simatupang T. M., Wright A. C., Sridharan R.. The Knowledge of Coordination for Supply Chain Integration [J]. Business Process Management Journal, 2002 (3), 289 – 308.

[89] Simchi – Levi, David, Philip Kaminsky, Edith Simchi – Levi. Designing and Managing the Supply Chain: Concepts, Strategies, and Case Studies [M]. McGraw –

Hill Higher Education, 2000.

[90] Smaros J., Lehtonen J. M., Appelqvist P., Holmstr. om J.. The Impact of Increasing Demand Visibility on Production and Inventory Control Efficiency [J]. International Journal of Physical Distribution & Logistics Management, 2003, 33 (4): 336 – 354.

[91] Sterman J. D.. Modeling Managerial Behavior: Misperceptions of Feedback in a Dynamic Decision Making Experiment [J]. Management Science, 1989, 35 (3): 321 – 339.

[92] Suo Han – sheng, Wang Jing – chun, Jin Yi – hui. Coordinating a Loss – averse Newsvendor with Vendor Managed Inventory [C]. IEEE International Conference on Systems, Man and Cybernetics, Netherlands, Hague, 2004.

[93] Thomas, Douglas J., Griffin, Paul M.. Coordinated Supply Chain Management [J]. European Journal of Operational Research, 1996, 94 (1): 1 – 15.

[94] Toni A. F. D., Zamolo E.. From a Traditional Replenishment System to Vendor – managed Inventory: A Case Study from the Household Electrical Appliances Sector [J]. International Journal of Production Economics, 2005, 96 (1): 63 – 79.

[95] Toptal, Cetinkaya Lee. The Buyer – vendor Coordination Problem: Modeling Inbound and Outbound Cargo Capacity and Costs [J]. IIE Transactions, 2003 (35): 987 – 1002.

[96] Viswanathan S., Piplani R.. Coordinating Supply Chan Inventories through Common Replenishment Epoch [J]. European Journal of Operational Research, 2001, 129 (2): 277 – 286.

[97] Waller M., Johnson M. E., Davis T.. Vendor – managed Inventory in the Retail Supply Chain [J]. Journal of Business Logistics, 1999, 20 (1): 183 – 203.

[98] Wang Q.. Coordinating Independent Buyers in a Distribution System to Increase a Vendor's Profits [J]. Manufacturing & Service Operations Management, 2001, 3 (4): 337 – 348.

[99] Wang Q.. Coordinating Independent Buyers with Integer – ratio Time Coordi-

nation and Quantity Discounts [J]. Naval Research Logistics, 2004 (51): 316 -331.

[100] Wang Q.. Determination of Suppliers' Optimal Quantity Discount Schedules with Heterogeneous Buyers [J]. Naval Research Logistics, 2002, 49 (1): 46 -59.

[101] Wang Q.. Determination of Supplier's Optimal Quantity Discount Schedules with Heterogeneous Buyers [J]. Naval Research Logistics, 2002, 49 (1), 46 -59.

[102] Weng Z. K.. Modeling Quantity Discounts Under General Price - sensitive Demand Functions: Optimal Policies and Relationships [J]. European Journal of Operational Research, 1995 (86): 300 -314.

[103] Woo Y. Y., Hsu S. L., Wu S. H.. An Integrated Inventory Model for a Single Vendor and Multiple Buyers with Ordering Cost Reduction [J]. International Journal of Production Economics, 2001, 73, 203 -215.

[104] Xiuhui Li, Qinan Wang. Coordination Mechanisms of Supply Chain Systems [J]. European Journal of Operational Research, 2007 (179): 1 -16.

[105] Xu L., Beamon B.. Supply Chain Coordination and Cooperation Mechanisms: An Attribute - based Approach [J]. The Journal of Supply Chain Management, 2006, 42 (1): 4 -12.

[106] Yao Y., Dresner M.. The Inventory Value of Information Sharing, Continuous Replenishment, and Vendor - managed Inventory [J]. Transportation Research Part E, 2008 (44): 361 -378.

[107] Yao Yuliang, Palmer Jonathan, Dresner Martin. Impacts of Electronic Commerce on Supply Chain Management [C]. ICIS 2002 Proceedings. 2002: 71.

[108] Yigal Gerchak, Eugene Khmelnitsky. A Consignment System Where Suppliers Cannot Verify Retailer's sales reports [J]. International Journal of Production Economics, 2003, 83 (1): 37 -43.

[109] Yu Y., Chu F., Chen H.. A Stackelberg Game and Its Improvement in a VMI System with a Manufacturing Vendor [J]. European Journal of Operational Research, 2009, 192 (3): 929 -948.

[110] Yugang Y., Liang L., Huang G. Q.. Leader – follower Game in Vendor – managed Inventory System with Limited Production Capacity Considering Wholesale and Retail Prices [J]. International Journal of Logistics: Research and Applications, 2006, 9 (4): 335 – 350.

[111] Yuliang Yao, Philip T. Evers, Martin E.. Dresner. Supply chain integration in Vendor – managed inventory [J]. Decision Support System, 2007, (43): 663 – 674.

[112] Yunzeng Wang, Li Jiang, Zuo Jun Shen. Channel Performance under Consignment Contract with Revenue Sharing [J]. Management Science, 2004, 50 (1): 34 – 47.

[113] Zhang T. L., Liang L., Yu Y. G., Yu Y.. An Integrated Vendor – managed Inventory Model for a Two – echelon System with Order Cost Reduction [J]. International Journal of Production Economics, 2007, 109: 241 – 253.

[114] Zheng Y. S., Federgruen. Finding Optimal (s, S) Policies is about as Simple as Evaluating a Single Policy [J]. Operations Research, 1991, 39 (4): 654 – 665.

[115] 蔡建湖，黄卫来，周根贵. 基于收益分享契约的 VMI 模型研究[J]. 中国管理科学，2006，14 (4)：108 – 113.

[116] 蔡建湖，周根贵，黄卫来. VMI 下的两级供应链库存决策模型研究[J]. 管理科学学报，2008 (4)：104 – 111.

[117] 曹武军等. VMI 环境下收入共享契约分析[J]. 管理工程学报，2007，21 (1)：51 – 55.

[118] 杜少甫. VMI 集成环境下的补货发货策略研究[D]. 中国科学技术大学博士学位论文，2007.

[119] 龚晓薇，糜仲春. 2 级 VMI 集成的 Shapley 指数收益分配方案[J]. 运筹与管理，2009，18 (1)：86 – 91.

[120] 顾培亮. 系统分析与协调 [M]. 天津：天津大学出版社，1998：162 – 194.

[121] 郭海峰，黄小原，邱若臻. 供应商管理库存的最优购买数量和利润

[J]. 东北大学学报（自然科学版），2005，26（2）：186－189.

[122] 郝莉. VMI 运作环境下考虑信用风险的供应链收益分配机制研究[D]. 电子科技大学硕士学位论文，2004.

[123] 李建立，刘丽文. 随机需求下基于价格折扣的两种供应链协调策略[J]. 中国管理科学，2005，16（3）：37－44.

[124] 刘丹，刘志学，郑长征. 基于 VMI & TPL 供应链的单供应商两制造商补货策略[J]. 控制与决策，2013（1）：20－28.

[125] 刘建芬，胡奇英，李华. 基于 Shapley 值法的 VMI 下合作企业间的费用分担策略[J]. 系统工程，2005，23（9）：80－84.

[126] 刘丽文，袁佳瑞. VMI 环境下的库存与发货模型研究[J]. 中国管理科学，2003（10）：31－36.

[127] 刘鹏飞. 供应商管理库存及其协调研究[D]. 中南大学博士学位论文，2008.

[128] 刘鹏飞等. 基于收益共享机制的 VMI 协调[J]. 系统工程，2008，26（7）：81－85.

[129] 刘永胜. 供应链管理中协调问题研究[D]. 天津大学博士学位论文，2003.

[130] 刘志学，储力. 基于供应链缺货的 VMI 激励机制研究[J]. 管理学报，2005（3）：180－183.

[131] 卢少华. 供应链的协调机制研究[J]. 物流科技，2006（4）：74－76.

[132] 卢守权. 短生命周期产品供应链协调激励机制研究[D]. 吉林大学博士学位论文，2009.

[133] 鲁奎，杨昌辉，戴道明. 一种能力外包且费用时变批量问题的启发式算法[J]. 中国管理科学，2008，16（1）：80－85.

[134] 马士华. 供应链管理（第 2 版）[M]. 北京：机械工业出版社，2008.

[135] 全春光，刘志学，邹安全，程晓娟. 随机需求下单供应商两分销商 VMI 协调策略[J]. 系统工程理论与实践，2013（7）：1801－1812.

[136] 全春光，刘志学，程晓娟．动态需求下单供应商两分销商供应商管理库存协调策略[J]. 计算机集成制造系统，2011（12）：2666－2674.

[137] 全春光，刘志学，程晓娟．整数比时间协调的 VMI 补货策略研究[J]. 工业工程与管理，2010（4）：35－40.

[138] 全春光，刘志学，程晓娟．VMI 合作企业利益协调策略研究[J]. 武汉理工大学学报（信息与管理工程版），2011（4）：665－669.

[139] 全春光．基于收益共享契约的 VMI 协调机制研究[J]. 科学决策，2010（7）：61－67.

[140] 全春光．供应商管理库存研究现状及展望[J]. 技术经济与管理研究，2010（4）：101－104.

[141] 唐桂风，郑称德．基于采购协议价格的 VMI 协调机制研究[J]. 科技进步与对策，2005（12）：5－7.

[142] 唐宏祥，易荣华，朱卫平．博弈结构对 VMI 模式下供应链性能的影响分析[J]. 中国管理科学，2005，13（5）：71－78.

[143] 唐宏祥．VMI 对供应链性能的影响分析[J]. 中国管理科学，2004，12（2）：60－65.

[144] 杨建功，卿前龙．VMI 环境下库存竞争性产品的补货策略及最优货架空间的确定[J]. 中国管理科学，2014（4）：42－50.

[145] 余玉刚，梁樑，余雁．考虑定价、生产能力和原料采购的 VMI 系统 Pareto 最优及其实现[J]. 系统工程理论与实践，2005（4）：1－7.

[146] 张慧颖．不确定需求下的供应链库存协调管理研究[D]. 天津大学博士学位论文，2003.

[147] 张洁．VMI 模式下合作企业间的成本分摊研究[D]. 合肥工业大学硕士学位论文，2007.

[148] 张长星，党延忠．供应商管理库存环境下的分销网络连续近似模型[J]. 管理工程学报，2005（2）：50－54.

[149] 赵晓波，黄四民．库存管理[M]. 北京：清华大学出版社，2008：

127－145.

［150］钟磊钢，胡勇，张翠华．一类供应商管理库存供应链协调策略研究［J］. 中国管理科学，2006，14（6)：92－97.

后 记

这本书是在我的博士论文基础上修改而成的。在论文答辩过程中，华科大陈荣秋教授、马士华教授、崔南方教授等答辩委员会专家等提出了许多意见，为本书的修改提供了很好的思路。

时光悠悠，四年博士生涯已成为我难忘的记忆。华科大优美的校园、浓郁的学术氛围给我留下了终生难忘的印象。四年中，我接触到各种现代的管理理念，学习到前沿的理论知识，感悟到求是创新的科研精神，四年的积累才有博士论文乃至本书的完成。这些年来，我得到了很多老师、同学和朋友的关心，在此谨向他们表示衷心的感谢。

首先感谢我的导师刘志学教授，读博期间刘老师给予我悉心的指导和无私的帮助。他渊博的学识开阔了我的视野，让我徜徉在知识的海洋中而不迷失方向，让我学会了系统而独立的思考；他对问题高屋建瓴的看法给予我莫大的启迪；他兢兢业业的工作态度、实事求是的科学精神、朴素的生活作风、高尚的品行是我最为钦佩的品质，让我拥有一颗感恩的心去面对今后的人生，恩师的品德和教诲将让我终身受益。

在华科大管理学院四年的学习生活中，还得到了很多老师的指导和帮助，感谢陈荣秋教授、马士华教授、崔南方教授、徐贤浩教授、周水银副教授、李昆鹏副教授、徐和副教授以及管理学院的其他老师。这些老师中，有的老师直接给我们传授了知识，有的老师尽管没有直接给我们上课，但是他们的报告、言谈、科研精神也无形中感染启发了我，在此，谨向他们一并表示由衷的感谢。

实验室的学习生活留下了许多难忘的回忆，正是在实验室团结友爱的氛围里，我的学习和生活才充满了乐趣，感谢每一位成员给我的关怀和帮助，感谢博士生郑长征、卿前恺、施文、刘丹、韩超群、左晓露、李翔、孔雪峰以及邹安全、刘迎、汪小京、徐娟等，硕士生蒋水清、陈龚、易菁琳、赵玲、崔羽佳、杨威、刘林、熊文琦、李华、张艳、李佑华、罗威、赵菁、谭燕娥、徐彬彬等。感谢管理学院2007级博士生班张翼、刘伟、杨光明、董冲等同学的关心和帮助，和他们在一起，学习生活增添了许多乐趣。

我还要感谢长沙大学的领导、同事和其他朋友，是他们的支持和鼓励，我才能顺利完成本书。

我也要将所取得的成绩献给我的父亲、母亲、姐姐、妹妹以及其他亲人。他们给予我的无私关怀和真挚的爱，无时无刻不在督促我奋发图强。特别要感谢我的夫人陪伴在我身边，照顾家庭、帮助和鼓励我完成本书。也要感谢我的儿子，是他给我的生活带来不少的乐趣。

感谢命运的垂青，给我安排了这么多好的老师、亲人、同学和朋友伴我一路走来。在以后的人生旅程中，我将以不懈的努力来报答他们。

全春光

2015年于长沙